OSHO

MENTE

INDEPENDENTE

Palestras extemporâneas dadas por
Osho em Mumbai, na Índia

OSHO

MENTE

INDEPENDENTE

Aprendendo a viver e ser livre

Tradução de Maria Cláudia Franchi

Copyright © **1979, 2016** OSHO International Foundation, www.osho.com/copyrights
All rights reserved.

Título original: ***The Independent Mind***
Publicado originalmente em hindi como *Chit Chakmak Lage Nahim*. O material deste livro é uma série de palestras dadas ao vivo por OSHO. O arquivo de texto completo do OSHO pode ser encontrado na biblioteca on-line do OSHO em www.osho.com/Library.

OSHO® é uma marca registrada da Osho International Foundation, www.osho.com/trademarks

Nova edição

© 2021, Editora Nacional.
1ª edição – São Paulo – 2021
Todos os direitos reservados. Nenhuma parte desta obra pode ser reproduzida ou transmitida por qualquer forma ou meio eletrônico, inclusive fotocópia, gravação ou sistema de armazenagem e recuperação de informação sem o prévio e expresso consentimento da editora.

Diretor-presidente: Jorge Yunes
Gerente editorial: Luiza Del Monaco
Editor: Ricardo Lelis
Assistente editorial: Júlia Braga Tourinho
Suporte editorial: Verena Fiesenig e Juliana Bojczuk
Preparação de texto: Tulio Kawata
Revisão: Bia Nunes de Sousa
Coordenadora de arte: Juliana Ida
Designer: Valquíria Palma
Assistentes de arte: Daniel Mascellani e Vitor Castrillo
Diagramação: Isadora Theodoro Rodrigues
Tradução: Maria Cláudia Franchi
Projeto gráfico de capa e miolo: Marcela Badolatto
Analista de Marketing: Michelle Henriques
Assistente de Marketing: Heila Lima

DADOS INTERNACIONAIS DE CATALOGAÇÃO NA PUBLICAÇÃO (CIP) DE ACORDO COM ISBD

O82m Osho

    Mente independente: aprendendo a viver e ser livre / Osho ; traduzido por Maria Claudia Franchi. - São Paulo, SP : Editora Nacional, 2021.
    136 p. ; 23 cm x 16,5 cm.

    Tradução de: Chik Chakmak Lage Nahim
    ISBN: 978-65-5881-000-1

    1. Espiritualidade. 2. Mente. 3. Pensamentos. 4. OSHO. I. Franchi, Maria Claudia. II. Título.

2021-18   CDD: 299.93
                                                             CDU: 299.93

Elaborado por Vagner Rodolfo da Silva - CRB-8/9410

Índice para catálogo sistemático:
1. Espiritualidade : Religiões de natureza universal 299.93
2. Espiritualidade : Religiões de natureza universal 299.93

NACIONAL

Rua Gomes de Carvalho, 1306, 11º andar – Vila Olímpia
São Paulo – SP – 04547-005 – Brasil – Tel.: (11) 2799-7799
www.editoranacional.com.br – editoras@editoranacional.com.br

SUMÁRIO

Prefácio   7

1. DESCOBRINDO A VIDA   9

2. LIVRE DE PENSAMENTOS EMPRESTADOS   26

3. FÉ E CRENÇAS QUE IMPEDEM A LIBERDADE   48

4. AS RESPOSTAS VÊM ATRAVÉS DA CONSCIÊNCIA   69

5. O ESTADO PENSANTE: SEU CENTRO, SEU SER, SUA ALMA   89

6. RELIGIOSIDADE: COMPREENDENDO A VIDA   110

Sobre OSHO   135

PREFÁCIO

Seus pensamentos não são seus – você apenas os reuniu. Às vezes, em um quarto escuro, um feixe de luz vem da janela e você consegue ver milhares de partículas de poeira flutuando nele. Quando olho para você, eu vejo o mesmo fenômeno: milhares de partículas de poeira. Elas são os pensamentos. Movem-se dentro e fora de você. Vão de uma cabeça para outra, e para outra, infinitamente. Têm vida própria. Um pensamento é como um objeto, ele existe por si só. Quando uma pessoa morre, todos os seus pensamentos ruins são liberados imediatamente e começam a procurar abrigo em algum lugar ou em alguém. Rapidamente, entram naqueles que estão por perto. São como germes, têm vida própria. Mesmo quando está vivo, você segue dispersando seus pensamentos ao seu redor. Quando fala, claro, você atira pensamentos nos outros. Mas, quando fica em silêncio, também distribui pensamentos à sua volta. Eles não são seus; esta é a primeira coisa que você tem que perceber. Alguém perspicaz vai descartar todos os pensamentos que não forem próprios. Eles não são autênticos, não foram gerados por experiências pessoais. São pensamentos emprestados de outrem, alheios. São pensamentos gastos, que passaram por muitas mãos e muitas mentes. Uma pessoa inteligente não pega pensamentos emprestados, pois gosta de ter os seus próprios, frescos. Se você for otimista, prestar atenção à beleza, à verdade, à bondade, às flores; se for capaz de ver, mesmo nas noites mais escuras, que a manhã se aproxima, você será capaz de pensar. Então, poderá criar seus próprios pensamentos. E um pensamento criado por você tem muito potencial; ele tem um poder ímpar.

Osho
Yoga: the Science of Soul, v. 2

1

Descobrindo a vida

Meus queridos,

Nos próximos três dias, vou falar para vocês sobre a busca pela vida. Mas, antes que eu comece a falar sobre essa busca – a partir de amanhã –, preciso dizer que vida não é aquilo que achamos que ela é. Até que isso fique bem claro para nós, e que compreendamos em nossos corações que o que chamamos de vida não é vida, a busca pelo que ela é verdadeiramente não pode começar.

Se alguém pensar que a escuridão é a luz, não vai em busca da luz. Se alguém pensar que a morte é a vida, será privado da vida. Se o que pensamos e entendemos está errado, toda a nossa vida está fadada a tomar um sentido errado. Nossa busca dependerá de nossa compreensão. Assim, a primeira coisa que quero dizer é que poucas pessoas conhecem a vida. Todo mundo nasce e a maioria das pessoas considera, erroneamente, que o nascimento é a vida. O que conhecemos como vida é apenas uma oportunidade de descobri-la, de encontrá-la ou de perdê-la. Através dessa oportunidade, podemos encontrar a vida, mas também podemos perdê-la.

O que conhecemos como vida é apenas uma oportunidade, uma possibilidade. É como uma semente, que pode dar flores ou não. É bem possível que essa semente permaneça dormente e nunca brote. Não haverá flores, nenhum fruto será gerado; pode ser que isso aconteça.

Até agora, a semente de vida da maioria das pessoas permanece estéril. Apenas na vida de poucas pessoas é que ela brota, floresce, perfuma. São essas as pessoas que nós adoramos e das quais nos lembramos. Mas há algo de que não nos lembramos:

◆ Mente independente ◆

nós também recebemos a mesma semente, também podemos exalar o mesmo perfume.

A menos que, ao observar pessoas como Mahavira, Buda, Krishna e Cristo, alguém se sinta humilhado por também ter em si a mesma semente e, assim, poder alcançar a mesma vida que a deles, todas as suas orações e cultos são fúteis. Mera pretensão, hipocrisia.

Para evitar esse sofrimento, essa dor, transformamos Krishna, Buda e Mahavira em "abençoados" – em Deus. Se eles fossem seres humanos comuns como nós, teríamos vergonha de nos considerar seres humanos. Se fossem como nós, não haveria lugar nem qualquer possibilidade de escapatória. Para fugir dessa humilhação, da dor e do sofrimento, começamos a chamá-los de Deus, filho de Deus, *tirthankaras*[1], e sabe-se lá mais o quê. Ao chamá-los de Deus, filho de Deus ou *tirthankaras*, estamos falando tolices sobre eles. Todos eles foram como nós, seres humanos comuns. Mas a maioria das sementes humanas não consegue florescer. Poucas sementes de vida florescem tão perfeitamente a ponto de refletir uma luz divina.

Se existe algum propósito na religião, é este: todas as sementes devem tornar-se aquilo que deveriam ser, o que existe escondido em seu interior deve manifestar-se. A menos que compreendamos que o que estamos fazendo e a direção que estamos tomando estão errados, nenhuma revolução, nenhuma transformação, nenhum ponto de virada será possível. Essa é a primeira coisa que quero dizer-lhes hoje.

O que entendemos por vida não passa de uma morte lenta e gradual, dia após dia. Uma morte tão demorada não pode ser chamada de vida. Se um homem morre com setenta anos, seu processo de morte durou setenta anos. Alguém pode morrer depois de cem anos, outro depois de cinquenta anos – nós simplesmente seguimos, calmamente, considerando que esse processo de morte é a vida. Hoje, seu período de vida é um dia a menos do que era ontem, e amanhã será um dia a menos do que é hoje. O que você julga serem anos acumulados, na verdade, são anos a menos. Os dias

---

1. No jainismo, um *tirthankara* é um ser humano que alcançou perfeição espiritual e, por isso, escapou do renascimento. Seria o equivalente ao santo da doutrina católica. (N. do T.)

que você comemora como aniversários não passam de lembretes de que a morte se aproxima. E, depois de correr para todos os lados, descobrimos que o que alcançamos é a morte.

Corremos para todos os lados, arquitetamos mil e um planos: fazemos de tudo e, no final, toda nossa corrida não passa de uma tentativa de evitar a morte. Alguns fazem fortuna, outros ganham fama, uns conseguem *status*, outros poder; todos esses esforços para driblar a mesma coisa. Assim, quando a morte vier, nós teremos uma defesa, um plano de segurança para nos proteger dela. Mas todos os planos falham. A morte simplesmente chega.

Isso me lembra uma história...

◆

Uma noite, o imperador de Damasco sonhou que estava de pé, sob uma árvore, ao lado de seu cavalo. Uma sombra apareceu-lhe por trás e colocou a mão em seu ombro. Quando ele se virou, ficou assustado.

— Eu sou a Morte e amanhã virei buscá-lo, então esteja pronto e certifique-se de alcançar o local escolhido — disse a sombra.

Ele acordou, o sonho havia passado, mas ele estava com medo. Quando amanheceu, convocou os maiores e mais famosos astrólogos de todo o reino. Chamou estudiosos renomados que podiam interpretar sonhos e lhes perguntou:

— O que significa este sonho? O que ele indica? A noite passada sonhei com uma sombra negra que colocou a mão em meu ombro e disse: "Eu sou a Morte e amanhã virei buscá-lo, então esteja pronto e certifique-se de alcançar o local escolhido".

Não havia tempo. Ele tinha apenas aquele dia, pois a Morte chegaria ao cair da tarde, ao pôr do sol. Os astrólogos disseram:

— Não há tempo para pensar. Pegue seu cavalo mais veloz e cavalgue para bem longe daqui, o máximo que puder. Quanto mais longe, melhor.

Parecia não haver opção. Em que mais alguém poderia pensar? Esta era a única saída: ele deveria ir para bem longe daquele palácio, daquele estado. De que outra maneira poderia salvar-se? Se alguém lhe perguntasse, o que você iria sugerir? Ou, se alguém tivesse perguntado a mim, o que eu teria dito? Os astrólogos o aconselharam corretamente. A mente do homem não é capaz de pensar além, nem de encontrar uma melhor solução. Estava claro: ele deveria fugir do palácio para escapar da Morte.

Pouco a pouco, a capital ficou para trás, o estado ficou para trás, cidades e vilas foram deixadas para trás. O cavalo corria no mesmo ritmo. O imperador não descansou, não comeu nem bebeu nada. Quem pararia? Quem se atreveria a comer ou beber se estivesse sendo perseguido pela Morte? E ele também não deu descanso ao cavalo; nem ao menos um pouco de água. Era preciso ir para tão longe quanto possível naquele dia.

Veio a tarde. O imperador se escondeu bem longe de seu palácio e estava muito feliz. Até aquele momento, estivera triste, mas, ao cair da tarde, começou a cantarolar. Tinha a sensação de que agora havia chegado longe o suficiente. Quando anoiteceu, estava a muitos quilômetros de distância da capital.

Enquanto o sol se punha, ele foi até um mangueiral que havia por perto, amarrou seu cavalo e ficou debaixo de uma árvore. Estava extremamente calmo e ia começar a agradecer a Deus por ter conseguido chegar longe o suficiente, quando a mesma mão que viu em seu sonho tocou seu ombro. Assustado, ele virou-se cuidadosamente – e viu a mesma sombra negra parada ali.

A sombra disse:

— Eu estava preocupada se você conseguiria vir tão longe ou não, já que este é o lugar em que você está predestinado a morrer. Eu me perguntava como seria possível que você percorresse uma distância tão longa. Mas seu cavalo é muito veloz e você cavalgou muito bem. Vocês chegaram bem na hora.

◆

Não importa o quão longe nós formos, vai acontecer. Não faz diferença se você sonhou ou não. Vai acontecer: um dia você encontrará a Morte no lugar em que deveria encontrá-la.

As direções nas quais estamos indo podem ser diferentes, nossas rotas podem ser diferentes e a velocidade de nossos cavalos pode variar – é possível. Mas, no fim das contas, não fará muita diferença. Um dia ou outro, debaixo de alguma árvore, uma mão tocará seu ombro. Então, você encontrará aquilo de que esteve fugindo. Nesse dia, sentirá medo. Na verdade, você só estava correndo em direção àquilo de que tentava fugir. Não há como escapar da morte.

Não importa para onde corremos, nós corremos na direção da morte, A própria corrida nos leva até a morte. Quem quer que corra alcançará a morte. Possivelmente um homem pobre correrá num ritmo bem lento. Ele não tem um cavalo, então terá que correr sem um cavalo. Um homem rico pode correr com um cavalo maior e o imperador pode correr com um cavalo mais rápido. Mas, no fim, pessoas sem cavalos alcançarão o mesmo lugar – morte – que as pessoas com cavalo alcançaram. Assim, qual a solução? Qual o caminho? O que pode ser feito?

A primeira coisa que eu gostaria de dizer é que, seja lá o que você estiver fazendo, vai levá-lo à morte. Não há surpresa nenhuma nisso. Mesmo no passado, qualquer coisa que as pessoas estivessem fazendo levou-as à morte. Pouquíssimas pessoas escaparam da morte. O que elas fizeram para transcendê-la, você não está fazendo. Quaisquer planos que você esteja fazendo serão apenas planos para a morte. Isso pode soar prazeroso ou não, mas eis a verdade: todos os seus planos não passam de planos para a morte. Nestes três dias, eu gostaria de lhes contar quais são os sinais de que você está preparando-se para a morte, e como pode preparar-se para a vida.

É possível que, no fundo, você deseje conhecer e descobrir a vida. Na realidade, não há uma única pessoa que não deseje encontrar a vida. Ainda assim, existe algum tipo de loucura, uma loucura profunda que afligiu toda a humanidade. Assim que um recém-nascido vem ao mundo, ele é iniciado nessa loucura. Talvez seja natural. Se a criança não for iniciada nisso, ela poderá parecer louca para nós. O dia em que Mahavira saiu de casa, as pessoas o consideraram louco. O dia em que Buda fugiu de casa, ele também foi considerado louco, e Cristo também foi considerado um homem louco. Toda a espécie humana é insana, então, sempre que um homem são nasce, ele é considerado louco.

Talvez vocês entendam melhor meu ponto de vista se eu lhes contar uma história...

◆

Numa manhã, bem cedinho, uma velha apareceu e jogou alguma coisa no poço de uma vila, dizendo que quem bebesse

◆ Mente independente ◆

daquele poço ficaria louco. Só havia dois poços naquela vila. Um ficava na vila propriamente dita e o outro ficava no palácio do rei. À noite, toda a vila havia enlouquecido, pois as pessoas não tiveram escolha a não ser beber daquele poço. Apenas três pessoas – o rei, a rainha e o primeiro-ministro – não beberam daquela água, então se salvaram da loucura.

Um rumor espalhou-se pela vila: parece que o rei ficou louco. E isso é muito natural – quando toda a vila enlouquece, aquele que não enlouqueceu vai, com toda a certeza, parecer louco para todos. É pura lógica. Então, todos na vila ficaram muito preocupados e incomodados. Entre eles, aqueles que eram grandes pensadores... Geralmente, pessoas loucas são grandes pensadores. É por isso que há muito em comum entre um louco e um pensador: os pensadores geralmente ficam loucos e os loucos geralmente começam a pensar.

Então, dentre aquelas pessoas loucas havia alguns pensadores e alguns políticos. Eles se reuniram para decidir o que deveriam fazer. Pensaram que, a menos que derrubassem o rei, tudo estaria perdido. "Se o rei está louco, quem comandará o reino?"

À noite, reuniram-se em frente ao palácio e gritaram frases dizendo que, como o rei havia enlouquecido, o primeiro-ministro havia enlouquecido e também a rainha, eles não tinham escolha a não ser derrubar o rei.

O rei, a rainha e o primeiro-ministro ficaram no telhado do palácio pensando no que deveriam fazer. Todos os seus criados e soldados haviam enlouquecido; todos estavam loucos, o que aconteceria agora?

O rei disse ao primeiro-ministro:

— Pense rápido no que devemos fazer.

— Não há saída, exceto beber também a água do poço da vila — ele respondeu.

Os três disseram ao povo:

— Esperem, vamos atrás de algo para tratar nossa loucura.

Eles foram até o poço da vila e beberam a água. Aquela noite, uma grande festa aconteceu na vila. As pessoas dançaram e cantaram: o rei havia voltado ao normal.

◆

♦ Descobrindo a vida ♦

A humanidade foi atingida por uma profunda e fundamental insanidade e nós iniciamos nossas crianças nessa loucura. Todas as crianças que se recusarem a ser iniciadas nessa loucura nos parecerão loucas; assim, para assegurar que elas também enlouqueçam, nós as forçamos por esse mesmo caminho.

É extremamente perigoso ser são neste mundo; uma pessoa sã tem que pagar um preço alto por sua sanidade. Uns enfrentam tiros, outros bebem veneno, alguns são crucificados. Pessoas sãs não são toleradas em um mundo de loucos. Neste mundo, quanto mais louca for uma pessoa, mais atrativa ela será, pois parecerá uma de nós. Ela estará trilhando o mesmo caminho que nós estamos.

Então, eu vou falar sobre como se livrar desse estado profundo de loucura que controla a humanidade. Se você não tentar encontrar uma saída, a morte será o desenlace. Não importa o que você faça; no fim, a morte vai encontrá-lo – não necessariamente num futuro distante. Ela pode encontrá-los amanhã, pode encontrá-lo hoje, ela pode, inclusive, encontrá-lo agora.

Hoje à noite, reflita sobre isto: já que qualquer coisa que você fizer vai levá-lo à morte, qual o sentido de se fazer algo? Se nada que você fizer o levará em direção à imortalidade, se seus olhos não se abrem para a imortalidade, e se sua vida não se move para onde a morte não existe, qual o propósito de se fazer algo? Qual o sentido?

A vida é uma oportunidade. Qualquer momento que tenhamos perdido é simplesmente irrecuperável. A oportunidade que a vida traz pode ser usada de várias maneiras. Nossa vida muda de acordo com o que fazemos com ela. Alguns a usam para fazer fortuna. Por toda a vida, eles usam as oportunidades, colocam toda a sua energia para ganhar dinheiro. Mas, quando ficam cara a cara com a morte, toda sua fortuna torna-se inútil. Algumas pessoas lutam a vida toda para usar essa oportunidade a fim de atrair fama e prestígio só para satisfazer seu ego. Mas, quando a morte chega, o ego, a fama e o prestígio tornam-se inúteis.

Então, qual critério define que sua vida não está sendo em vão? O único critério é que, quando a morte o confrontar, tudo o que você construiu na vida não tenha sido inútil. Quando você encarar a morte, se tiver usado a oportunidade da vida – não

◆ Mente independente ◆

importa o que você tenha feito dela –, seu significado deve estar intacto, pois apenas o que tem sentido diante da morte é realmente significativo; todo o resto é inútil. Eu repito: apenas o que permanece significativo diante da morte, só isso é importante e todo o resto é inútil.

Poucas pessoas têm esse critério em sua mente; poucas pessoas têm essa consideração, essa perspectiva. Eu gostaria que você refletisse se é uma delas ou não. Pense nisto: tudo o que eu acumulo correndo pela vida – seja conhecimento, dinheiro, a busca pelo equilíbrio ou pela fama, sejam livros que escrevo, quadros que pinto ou canções que canto –, no fim, na hora da morte, quando minha vida for submetida ao juízo final, essas coisas terão significado algo ou não?

Se a resposta for não, é melhor ter consciência disso a partir de hoje, e é melhor mover-se na direção em que você é capaz de criar tanta riqueza, poder, tanta energia junto ao seu ser que, quando você encontrar a morte, terá algo dentro de si que ela não poderá afetar, algo que nem a morte pode destruir.

Isso é possível. Se não fosse possível, todas as religiões seriam simplesmente tolices e futilidades. Aconteceu antes, e mesmo hoje pode acontecer. Pode acontecer na vida de qualquer pessoa. Mas isso não cairá do céu, não virá por caridade, não pode ser roubado nem obtido gratuitamente enquanto você se senta na frente de um mestre. Ninguém pode passá-lo a você, só você pode gerá-lo. Isso só pode acontecer por esforço próprio, pela sua própria vida e determinação, colocando toda sua energia.

Mas, enquanto sentirmos que o que estamos fazendo está perfeitamente correto, enquanto o modo em que vivemos parecer certo para nós, não podemos avançar nessa direção. Em algum ponto nossa vida está iludida, em algum lugar está errada. Temos que saber que a direção de nossa vida está nos levando por caminhos que vão dar em lugar nenhum.

A maneira de dar à luz essa nova consciência é avaliar sua vida como se você estivesse encarando a morte. Um dia, você terá mesmo que a avaliar na presença da morte, mas aí não haverá mais nada a ser feito. Alguém que começa a avaliá-la com antecedência conseguirá fazer alguma coisa com ela. Então, certamente algo vai acontecer em sua vida, alguma revolução. Por isso, é importante começar essa avaliação de hoje em diante, e fazer isso todos os dias.

Bernard Shaw disse uma vez que deveria haver tribunais aos quais a pessoa teria que comparecer a cada três anos e provar que, durante esses anos, sua vida foi significativa. Era apenas uma brincadeira. Seria possível haver tribunais assim em algum lugar? Mesmo que fosse, haveria dificuldades. Como você provaria o significado da sua vida? Como você provaria que "Este é o resultado final do que eu vivi, o significado e o sentido"?

Esqueça, não há tribunais desse tipo. Mas, para Shaw, todas as pessoas precisam ter um tribunal em sua própria consciência para visitá-lo a todo momento. Todos os dias, a pessoa deve pôr-se ante esse tribunal e se perguntar: "Como estou vivendo? Alguma coisa substancial virá disso? Eu ganharei algo com isso? Vou alcançar algum lugar a partir disso? Isso vai colocar fim à minha corrida? Isso vai acabar com meu sofrimento? Vai desfazer a escuridão? Isso vai destruir a morte?".

Quando essas perguntas vêm à tona com grande intensidade na mente de alguém, a religiosidade nasce em sua vida. Religiosidade não é algo que nasce apenas através da leitura das escrituras, mas sim pela avaliação constante da vida. Você deve avaliá-la todos os dias; deve avaliá-la a cada momento.

Desse modo, primeiro eu gostaria de pedir que vocês reflitam sobre tudo isso. Essa é a base para os próximos três dias, nos quais falarei sobre o caminho que torna possível desviar-se da morte e mover-se na direção da imortalidade. Vocês também devem estar pensando que seria bom ser imortal. O desejo de poder evitar a morte deve estar crescendo em sua mente. Lá no fundo, devem estar pensando em como alcançar a imortalidade.

A menos que a total futilidade de nossa vida fique clara para nós, a menos que nossa forma atual de viver, nossos padrões, nossos pensamentos e nossas escolhas sejam vistas como inúteis – e nos dermos conta de que o que estamos fazendo é insignificante –, o verdadeiro desejo de se tornar imortal não poderá nascer em nós. Se não houver inquietação, nervosismo, ansiedade sobre a falta de significado daquilo que estamos fazendo, como a ideia, o pensamento de ir em busca do que é significativo poderá nascer em nós?

♦ Mente independente ♦

Hoje eu gostaria de dizer-lhes que confrontem a morte, cara a cara. Todos nós mantemos a morte escondida. Damos as costas a ela, mas alguém que dá as costas à morte está vivendo uma grande ilusão.

♦

Eu estava viajando em meio à chuva quando precisei parar um pouco na encosta de um rio. Precisei parar o carro porque o rio havia transbordado. Havia dois ou três carros atrás do meu e eles também tiveram que parar. Eu não conhecia o homem no carro de trás, mas, ao ver que eu estava sozinho, ele veio e começou a conversar comigo. Eu estava conversando casualmente com ele quando, de repente, ele me perguntou:

— Na vida, vale mais a pena pensar em quê?

— Existe apenas uma coisa na qual vale a pena pensar, e é na morte — eu respondi.

Continuamos a falar sobre vários assuntos. Ele me disse que certamente gostaria de me encontrar de novo quando voltasse. Eu disse:

— Não há garantias de que nos encontraremos de novo quando você voltar. Quem sabe: talvez eu não esteja vivo ou talvez você não esteja vivo, ou talvez nós dois estejamos vivos, mas nossos caminhos nunca mais se cruzem.

Eu lhe contei uma história. Jamais poderia ter imaginado o que iria acontecer. Quando a enchente cedeu e ele estava partindo, eu lhe contei esta história...

♦

Um imperador na China ficou zangado com seu primeiro-ministro. Embora o imperador o amasse muito, mandou prendê-lo e o condenou à morte.

Era costume naquele lugar que, sempre que uma pessoa estivesse para ser enforcada, na manhã do enforcamento, o imperador fosse pessoalmente encontrá-la e realizar seu último desejo – se ela tivesse um.

Era esse o caso do primeiro-ministro, a quem o soberano amava imensamente. Mas ele havia cometido um grande erro que deixou o imperador furioso e, então, este o puniu com a sentença de morte. No dia do enforcamento, o imperador foi ao encontro do primeiro-ministro bem cedo. Desceu de seu cavalo e disse:

— Se você tiver um último desejo, eu vou satisfazê-lo.

Quando o imperador falou isso, o primeiro-ministro tinha lágrimas nos olhos. O imperador ficou atônito. O primeiro-ministro era uma pessoa muito corajosa e nunca havia chorado em toda sua vida. Ele não podia estar chorando de medo da morte, era impossível. O imperador estava muito surpreso. Ele disse:

— Estou espantado de ver lágrimas nos seus olhos.

O primeiro-ministro disse:

— Eu não estou chorando porque minha morte se aproxima. Estou chorando por outra razão. Estou chorando pelo seu cavalo.

O imperador perguntou:

— Por que chorar pelo meu cavalo?

O primeiro-ministro respondeu:

— Depois de trabalhar duro por anos, desenvolvi uma arte. Eu aprendi a ciência de fazer um cavalo voar. Nunca acreditei que pudesse encontrar uma raça de cavalos que pudesse aprender a voar, mas o cavalo que Vossa Majestade está montando pertence a essa raça. É por isso que estou chorando: eu desperdicei toda minha vida aprendendo essa arte e hoje ela morrerá comigo.

O imperador achou que seria maravilhoso se seu cavalo aprendesse a voar.

— Não tenha medo e não chore. Quanto tempo demorará para o cavalo aprender a voar?

O primeiro-ministro respondeu:

— Apenas um ano.

O imperador disse:

— Se o cavalo aprender a voar, eu cancelo sua sentença de morte e você será readmitido como primeiro-ministro. Você ganhará uma grande fortuna e tudo o mais que quiser; sem problemas quanto a isso. Mas, se o cavalo não aprender a voar dentro de um ano, você será enforcado.

O primeiro-ministro montou no cavalo e cavalgou até sua casa. Lá, pessoas estavam lamentando e chorando sua morte. Ao vê-lo voltar para casa, todos ficaram surpresos e lhe perguntaram:

— Como você pôde voltar?

Ele contou toda a história, mas sua esposa e seus filhos continuaram a chorar e lamentar.

— Parem de chorar — ele lhes disse.

A esposa respondeu:

— Tenho certeza de que você não sabe nenhuma arte que possa fazer cavalos voarem, então que bobagem é essa? Se você não morreu hoje, morrerá daqui a um ano. E nós passaremos esse ano esperando sua morte. De qualquer modo, estaremos sofrendo pelo luto. Se você queria trapacear assim, deveria ter pedido pelo menos vinte ou talvez cinquenta anos.

O primeiro-ministro começou a rir e disse:

— Você não conhece as leis da vida. Quem sabe o que acontecerá em um ano? Pode ser que eu morra, pode ser que o cavalo morra ou pode ser que o imperador morra. Um ano é muito tempo. Se eu pedisse vinte anos, ele não os daria. Vinte anos seriam demais. Então eu pedi um ano. Tudo pode acontecer nesse um ano: eu posso morrer, o cavalo pode morrer, o imperador pode morrer. O problema foi postergado.

E, então, algo que ninguém poderia prever aconteceu na história: os três morreram naquele ano – o imperador, o primeiro-ministro e também o cavalo.

◆

Como a enchente havia baixado, ele voltou para o carro e me disse:

— Sem dúvida eu vou voltar a vê-lo quando retornar.

Mais uma vez, ele estava dizendo a mesma coisa. É uma mania nossa; não importa quantas vezes alguém nos explique as coisas, continuamos a fazer o mesmo, de novo e de novo. Acontece comigo todos os dias. As pessoas me perguntam algo e eu lhes explico, e então elas vêm e me falam algo que é absolutamente o contrário do que eu disse.

Assim, enquanto estava partindo, ele repetiu para mim:

— Com certeza, vou encontrá-lo quando voltar. Estou muito feliz por tê-lo conhecido.

Eu apenas ri. O carro dele partiu antes do meu. E, depois de uns três quilômetros, eu o encontrei morto no chão. O carro se envolvera em um acidente e ele morrera.

Meu motorista disse:

— Isso é muito estranho. Há pouco você estava falando com ele sobre isso.

◆

◆ Descobrindo a vida ◆

Eu falo para *vocês* sobre isso. Não há garantia de que, quando vai para casa, você chegará lá. Não há garantia nem certeza. Hoje talvez chegue em casa, amanhã talvez não. Amanhã talvez chegue em casa, mas, depois de amanhã, talvez não. Por quanto tempo você pode evitar? Certamente vai chegar um dia em que você não voltará para casa. Visualizar esse dia como sendo daqui a dez ou vinte anos não faz diferença. Quando você sabe disso, começa a visualizar esse dia como sendo hoje à noite.

Saiam daqui pensando que amanhã vocês não conseguirão se levantar – o que devem fazer? Saiam daqui com este pensamento: amanhã de manhã, vocês não estarão lá, então, o que devem fazer? Um dia, certamente virá uma manhã em que não estarão lá. Pelo menos uma coisa é certa: não há motivo para duvidar disso nem razões para explicar isso. Com certeza chegará o dia em que o sol vai nascer, mas vocês não estarão lá. Muitas pessoas estiveram sobre a terra, mas agora elas não estão mais aqui. Hoje vocês estão aqui, mas um dia não estarão.

Na vida, nada é mais certo do que a morte, mas nós dificilmente pensamos sobre ela. Todo o resto é incerto, todo o resto é duvidoso. É possível que Deus exista ou não; é possível que a alma exista ou não; é também possível que o mundo que vemos a nossa volta esteja lá ou não; talvez seja só um sonho. Ainda assim, existe uma coisa que é certa, uma coisa que é inevitável e não há a menor dúvida sobre ela: alguém que está aqui agora não estará aqui para sempre. A morte seguramente virá; não há nenhuma verdade maior que a morte.

Nunca pensamos em nossa morte, sempre damos as costas a ela. Se alguém o faz lembrar-se dela, você diz: "Não fale sobre algo tão sinistro; não fale *nada* sobre isso. Por que falar sobre a morte?". Simplesmente mantemos o assunto morte longe de nós, bem longe. Mas não importa o quão longe você fica da morte, ela o ama imensamente e não ficará longe de você por muito tempo. Aquele que reflete sobre a vida vai descobrir que a única certeza é a morte.

Por que não fazer desse fato certo da vida o elemento primário de contemplação? Por que não criar uma filosofia de vida baseada nisso? Qualquer que seja a filosofia da vida, por que não embasá-la no fundamento da morte? Pois este é o único

◆ Mente independente ◆

fundamento seguro, todos os outros são incertos. Por que não fazer dela o único fundamento? Ela é um fato que deve ser encarado – se não hoje, amanhã –, então por que não se apropriar dela e encará-la todos os dias?

A direção da vida de alguém que começa a encarar isso hoje, a contemplar isso hoje, vai mudar completamente. Sua vida será transformada. Pessoas destemidas, capazes de contemplar a morte, que se voltam para encarar a morte, que aceitam a morte neste momento, seus pés e até sua respiração param de se mover na direção da morte. E, então, um novo caminho e uma nova porta se abrem à sua frente.

Vou falar para vocês sobre como esse caminho pode ser aberto. Mas hoje eu gostaria apenas de compartilhar esse pequeno pensamento, a fim de que possam tê-lo em mente. Hoje à noite, durmam, pensem na morte, para que amanhã pela manhã, quando acordarem, este pensamento lhes ocorra de novo e de novo: em que quer que estejam trabalhando, o que quer que estejam fazendo, o que quer que esteja acontecendo, o que quer que estejam criando e acumulando, tudo isso terá algum significado quando, no fim, vocês encararem a morte?

Não lhes estou pedindo que larguem o trabalho e saiam correndo, nem estou dizendo para não o fazer. Estou apenas dizendo que o que quer que estejam realizando não tem nenhum significado, nenhum sentido na presença da morte – e isso tem que ficar absolutamente claro para vocês. Não lhes estou dizendo para abandonarem, renunciarem a nada. Não lhes estou dizendo para fugirem. Apenas que essa consciência deve ficar clara para vocês. Então, no seu tempo, uma sede de buscar o novo vai começar na sua vida. Vocês vão experimentar uma nova sede. E não importa se tudo continuar como antes, pois, ao mesmo tempo, um novo movimento terá início. Pouco a pouco, vocês descobrirão que, embora estejam fazendo o mesmo trabalho que antes, seu ser já não está envolvido nesse trabalho. Embora estejam fazendo as mesmas coisas que antes, só seu corpo está envolvido. Sua alma abraçou uma direção completamente diferente.

Viver no mundo significa que vocês precisam manter seu corpo; essas coisas ainda precisarão ser feitas, mas não param por aí. Existe algo a mais em vocês que precisa ser encontrado e

◆ Descobrindo a vida ◆

desenvolvido – isso vocês também deverão fazer. Mas o trabalho não é contra isso. Vocês não precisam deixar o trabalho, pois não encontrarão nada se fugirem; está tudo aqui. Se tiverem claras a direção e a necessidade de encontrar o que falta, até as atividades que parecem fúteis podem ter parte significativa nessa busca maior.

Ganhar a vida, vestir roupas ou construir um lar – tudo isso pode ser significativo se seus pés começarem a se mover na direção de sua alma. Todas essas coisas começarão a ter sentido na busca pela alma. Elas serão a base e a sustentação dessa busca. Então, o corpo será a escada para alcançar a alma. Por si só, todas essas coisas, todas essas tarefas mundanas são absolutamente fúteis, a menos que sua mente comece a se mover na direção de sua alma. Se o seu ser começar a se mover nessa direção, todas essas coisas ganham sentido. Não existe antagonismo fundamental entre mundano e divino; não há inimizade entre o divino e o mundano. Mas o mundano por si só é inútil. Começa a ser significativo apenas quando gira em torno do divino.

Mahavira também se alimenta e respira, Krishna também bebe água e Cristo também usa roupas, mas existe uma diferença, uma grande diferença. Nós simplesmente vestimos as roupas, nada mais. Nós apenas protegemos nosso corpo, mas para que e por quê? Seguimos nos alimentando, mas qual o propósito de manter o corpo? Simplesmente seguimos cuidando dos meios, e então morremos; não há fins em nossa vida. Os meios tornam-se significativos apenas quando há fins.

Suponhamos que uma pessoa não queira ir a lugar nenhum, mas começa a construir uma estrada. Ela passa a vida toda construindo essa estrada. Pode desmembrar estradas antigas, destruir florestas para abrir caminho entre elas, arrumar blocos de concreto para fazer a estrada. Se lhe perguntarem por que está construindo essa estrada e ela responder: "Sinceramente, eu não quero ir a lugar nenhum", construir a estrada será inútil. Todos construímos essas estradas, mas não queremos ir a lugar nenhum.

Para alguém que não deseja mover-se em direção ao divino, a vida é apenas o construir de uma estrada por quem não deseja ir a lugar nenhum. Mas, se o ser de alguém desejar ir em direção ao divino, em direção à imortalidade, todas as atividades triviais de sua vida – mexer com a argila, assentar pequenos blocos de concreto, destruir a floresta para construir a estrada – tornam-se significativas. Todos construímos estradas, mas poucos entre nós sabemos o porquê enquanto estamos construindo essa estrada; o pensamento de ir a algum lugar não nos passa pela cabeça. É mais importante perguntar a si mesmo por que quer viver do que seguir estruturando a vida. Pergunte-se por que você quer existir, em vez de apenas seguir preservando sua existência.

Esse pensamento, essa pergunta tem que passar pela sua cabeça. Poucas questões assim nos vêm à mente, elas nunca vêm. Mas, se essas indagações não surgirem, se não houver questionamentos em nossa mente, como nascerá a busca? Se não existir desejo pela busca, como vocês vão enveredar por esse caminho?

Assim, nestes três dias, pouco a pouco falarei com vocês sobre tudo isso. Por hoje, gostaria apenas de pedir-lhes que, quando forem dormir, durmam com a morte. Ao se deitarem, pensem que a morte se deitou ao seu lado. Tenha-a constantemente perto de si, do seu lado. Ela *está* com vocês, então mantenham-na por perto. Alguém que tem a morte por perto, que faz da morte companheira e amiga, lembra-se de que não levará muito tempo para alcançar o divino; está dado o primeiro passo.

Alguém que é amigo da morte, que a tem por perto, já deu o primeiro passo. A imortalidade estará com essa pessoa em breve. Se não hoje, amanhã. Cedo ou tarde, o divino estará com ela. A chave de tudo é manter a morte por perto. Aquele que a tem a seu lado, eu o chamo de alguém que busca. Um homem que foge da morte, que tenta evitá-la, que não a mantém por perto, esse eu chamo de alguém mundano.

Por hoje é só. Começarei minha palestra amanhã de manhã. Isto foi apenas para criar um contexto. Se alguma reflexão puder surgir em vocês, ela surgirá apenas se cumprida essa primeira condição de ser alguém que busca: não dê as costas à morte.

Olhe a morte nos olhos, traga-a para perto. Hoje à noite, durma a seu lado, vá para a cama pensando nela, pensando em sua própria morte, pensando que ela está próxima e pode acontecer a qualquer dia, a qualquer hora. Amanhã de manhã, outras indagações devem surgir em sua mente. Se surgirem, questione-me, pois eu estarei aqui pelos próximos três dias para discuti-las. Se não surgirem, se mesmo mantendo a morte por perto, nenhuma

◆ Descobrindo a vida ◆

questão surgir, por favor, não volte aqui amanhã de manhã. Não faz sentido, não tem nenhum significado. Se nenhuma pergunta surgir enquanto você pensa na própria morte, não volte aqui amanhã de manhã: será inútil. Qualquer coisa que eu disser só terá sentido após essa reflexão.

Se você começar a ver sua morte e este pensamento, esta ansiedade, atingir sua mente – "A morte me cercou por todos os lados. O que devo fazer? Como posso ultrapassá-la? Se tudo ao meu redor será destruído, qual caminho devo seguir para alcançar o indestrutível?" –, só assim será proveitoso que você volte aqui amanhã. Eu vou falar sobre a ponte que leva da morte até a imortalidade, só assim o que eu disser será significativo para você.

Agradeço a todos por me ouvirem com tanto amor e silêncio. Peço ao divino que lhes dê a consciência de que a morte está próxima.

2

Livre de pensamentos emprestados

Meus queridos.

Ontem eu falei sobre a morte. A busca pela vida só pode ter início com a morte. Se vocês querem conhecer a vida, devem começar a busca pela morte como um fato; só assim conseguirão encontrar a vida. Parece contraditório, soa contraditório – se quisermos encontrar a vida, devemos começar pela morte –, mas não é. Quem quer encontrar a luz deve começar pela escuridão. A busca pela luz significa que estamos vivendo na escuridão e a luz não se apresenta para nós. A busca pela luz significa que estamos no escuro e a luz está distante de nós, do contrário, por que procuraríamos por ela? Assim, a busca pela luz tem que começar pela escuridão – e a busca pela vida tem que começar pela morte. Se estamos buscando a vida, significa que estamos vivendo na morte. A não ser que tenhamos consciência desse fato, não poderemos avançar.

Ontem, eu lhes falei algumas coisas sobre a morte e lhes pedi para não deixar a morte distante de vocês, para confrontá-la. Não tentem evitar a morte, encontrem-na. Não tentem fugir da morte, não tentem esquecê-la; lembrar-se constantemente dela pode ser de grande ajuda.

Durante os próximos três dias, eu falarei a vocês pela manhã e, à tarde, vou responder suas dúvidas. Dando sequência ao assunto a partir de onde paramos ontem, gostaria de dizer algumas coisas sobre o estado não pensante. Para estes três dias, escolhi três conceitos para discutirmos. Hoje, vou falar sobre o estado não pensante, amanhã falarei sobre o estado pensante e no último dia sobre o estado sem pensamentos.

O estado não pensante representa um estado da mente no qual vivemos às cegas e não pensamos em nada; o estado pensante é aquele no qual vivemos conscientemente e em reflexão; o estado sem pensamentos significa ultrapassar todos os pensamentos e viver em constante iluminação. Esses são os três passos. Hoje, falaremos sobre o estado não pensante.

Normalmente, todos nós vivemos nesse estado – não há qualquer tipo de reflexão em nossa vida. Nossa vida é dirigida por vontades cegas, desejos cegos, e não temos a menor ideia de por que eles estão lá. Só depois de começarmos a pensar é que a resposta para esse porquê pode ser encontrada.

Sentimos fome, sentimos sede, desejos vêm à tona e nós nos comprometemos a satisfazê-los – por quê? Nesse estado, é impossível dar uma resposta a essa pergunta. Temos fome, então procuramos comida, mas por que sentimos fome e por que precisamos comer nunca é parte de nosso pensamento. Até a pessoa mais inteligente sente fome, mas não tem nenhuma resposta para isso.

Vivemos como o resto dos seres vivos – cegos. Chove, depois faz sol, anoitece – por quê? Por que chove, por que faz sol, por que anoitece? Não existe resposta para isso. Uma semente brota e se transforma em árvore, as folhas nascem, as flores surgem e aparecem os frutos – por quê? Não existe resposta para isso. Os animais existem, os pássaros existem, os insetos e os vermes existem, seres humanos também existem – por quê?

Neste nível no qual estamos vivendo, não há resposta. Nós existimos, temos uma vontade intensa de viver, então seguimos vivendo, mas não temos nenhuma resposta para por que existimos e por que temos tanta vontade de viver. Nenhum ser humano foi capaz de encontrar a resposta. Esse é o nível do estado não pensante.

Se eu abuso de você, você fica bravo. Por que você se enraivece com o abuso de alguém? Alguém o empurra, e a violência lhe vem à mente. Por que ela vem à tona? Por que você acha alguém bonito? Por que acha alguém feio? Você gosta de uma pessoa e odeia outra. Acha alguém agradável e outra pessoa repulsiva. Sente-se

Mente independente

próximo a alguns e sente que é melhor ficar longe de outros. Talvez raramente se tenha perguntado por que isso acontece e, mesmo que se pergunte, não terá uma resposta. A pergunta ficará ressoando, mas nenhuma resposta será encontrada.

No nível do corpo, no nível da natureza, não existe resposta. Simplesmente continuamos vivendo sem ter nenhuma resposta. Mesmo quando a morte chega, para ela também não há nenhuma resposta. Não há resposta para por que você nasceu, não haverá resposta para por que você morreu. Você não tem a resposta para por que tem fome ou sede, nenhuma resposta para os seus desejos ou para quaisquer outros instintos, então, no fim das contas, você também não pode ter uma resposta para a morte. Assim como você aceitou o nascimento, não há outra saída senão um dia aceitar a morte. Nesse nível, as respostas não existem. Esse é o nível do corpo; é o nível do estado não pensante, dos instintos – e aqui não há respostas.

Muitas pessoas vivem nesse nível; eles simplesmente vivem sem respostas. Mas uma vida sem respostas é uma vida inútil. Seu significado não é visível nem a si próprio.

Recentemente, um amigo meu suicidou-se. Era uma pessoa muito contemplativa, costumava pensar muito. Alguns meses antes de sua morte, veio encontrar-se comigo. Por anos, havia contemplado a morte; por muitas vezes, pensou em cometer suicídio. Ele me disse:

— Quero pôr fim à minha vida; não vejo nenhum sentido nela.

Veio pedir minha opinião e meu conselho.

— Se você vê sentido em morrer, então, com certeza deve pôr fim à sua vida — eu lhe disse. — Você não vê nenhum significado na vida, mas vê algum sentido na morte?

Ele respondeu:

— Não vejo nenhum sentido nela também.

— Então, não fará nenhuma diferença — constatei. — Mesmo que você coloque fim a esta vida, não vai fazer nenhuma diferença. A inutilidade ainda estará presente. A vida é insignificante e a morte também será insignificante, então não há motivo para escolher nenhuma das duas.

Muitas pessoas vivem pensando: "O que vamos ganhar morrendo? Se morrermos, o que vai acontecer?". Assim, nós seguimos vivendo, mas isso certamente não é vida. Já que não há sentido em optar pela morte, nós vivemos.

Dois meses depois, ele se suicidou. Deixou-me uma carta na qual escreveu: "No fim, eu simplesmente decidi pôr um fim à minha vida".

Nos últimos cinquenta anos, muitas pessoas decidiram pôr um fim à sua vida, pessoas que não estavam sofrendo, não tinham dores nem angústias de nenhum tipo, sem nenhum tipo de problema financeiro. Elas cometeram suicídio por uma única razão: não encontraram um sentido para a vida. Se você pensar, se contemplar e ponderar, talvez seja difícil encontrar um motivo para viver. E se não tiver nenhuma resposta para por que deve viver, sua vida não pode ter qualquer profundidade ou experiência. Você viver ou não é praticamente a mesma coisa. Se estiver lá, ótimo; se não estiver, tudo bem também.

Do meu ponto de vista, nenhuma resposta para a vida pode ser encontrada no nível do corpo – e todos vivemos apenas no nível do corpo. Nós vivemos só porque sentimos fome, sentimos sede e precisamos de roupas, precisamos de uma casa. Pense um pouco: o que você faria se tivesse todas essas coisas? Se sua fome fosse satisfeita, se sua sede fosse saciada, se todos os seus desejos estivessem realizados, se conseguisse tudo o que quisesse, não teria outra escolha a não ser morrer. Se todos os seus desejos forem realizados, o que você vai fazer? Será capaz de viver por mais algum tempo? Você vai dormir, vai dormir para sempre. Mesmo agora, enquanto seus desejos o mantiverem na corrida, você corre. Mas, quando não tiver nenhuma atividade, não vai ter mais nada para fazer a não ser dormir. Se todos os seus desejos estiverem realizados, não terá mais nada para fazer, a não ser morrer.

No nível do corpo existem problemas, e vivemos apenas para solucioná-los. Mas esteja consciente de que, se o corpo nasceu, ele morrerá. Tudo que nasce morre; tudo que começa tem um fim. A vida que existe no nível do corpo vai levá-lo inevitavelmente à morte. Não existe opção a não ser essa, nem poderá existir. Pode haver outra vida além desta? Até onde a vida corpórea permite saber, não há nenhum sentido. Mas pode existir algum sentido em outro nível?

O corpo é uma máquina da natureza. Assim como a natureza funciona mecanicamente, também acontece com o corpo. Ali não há liberdade; ali tudo é dependente. O corpo de Mahavira era dependente, o corpo de Krishna e de Cristo também era dependente – o seu e o meu também são – e, por isso, Mahavira morreu, Krishna e Cristo também morreram.

No que diz respeito ao nível corpóreo, até agora ninguém se tornou independente e ninguém encontrou a imortalidade: ninguém a encontrou nem irá encontrar. O corpo é mortal, não existe imortalidade para ele. O corpo é a morada da morte; não há vida ali. Se continuarmos apenas a girar dentro do mesmo círculo, então – como eu disse ontem –, não importa o que fizermos, vamos nos mover em direção à morte.

O corpo é todo dependente, não existe liberdade para ele. Existe algo em nós que vai além do corpo, transcendendo-o? Com certeza: a mente – e nós vislumbramos um pouco disso. Todo homem tem consciência de sua mente. Ele pode ouvir os passos de seus pensamentos. Quando os pensamentos surgem para contemplação, dá-se a indicação de que a mente existe.

O corpo é – como eu disse – inevitavelmente dependente, mas a mente não. A mente *pode* se tornar independente, mas, em geral, ela também é dependente. No nível mental, também não existe liberdade em nossa vida. No nível mental, também somos dependentes. No nível do corpo, os desejos e os instintos nos aprisionam. No nível da mente, somos aprisionados por crenças; no nível da mente, palavras, escrituras, doutrinas nos dominam. A mente é também uma escrava. Ela caminha e se move pelas trilhas da dependência; ali não existe liberdade.

Mas a mente pode tornar-se independente. Essa é a diferença entre corpo e mente. O corpo é dependente e não pode tornar-se independente; a mente também é dependente, mas pode tornar-se independente. E ainda há um elemento além disso que se chama alma – você também pode chamá-la de outros nomes. Vou falar sobre ela; vamos trabalhar para ela. A alma é independente e não pode ser dependente. Estes são os três níveis da vida: o corpo, que é dependente e não pode tornar-se independente; a mente, que é dependente, mas pode tornar-se independente; a alma, que é independente e incapaz de tornar-se dependente.

◆ Livre de pensamentos emprestados ◆

Só uma mente independente é capaz de conhecer a alma – que, sem dúvida, é livre e está viva, é imortal, não conhece o nascimento nem a morte. Se a mente é dependente, ela não conhecerá nada além do corpo. Uma mente dependente não enxerga nada além de um corpo dependente. Enquanto nossa mente for dependente, sentiremos que não somos nada além de nossos corpos. Mas, se a mente for independente, ela vai olhar em direção à alma, que é livre, e vive.

Portanto, não é uma questão do corpo ou da alma. Na meditação, o cerne da questão sempre gira em torno da mente: nossas mentes são independentes ou dependentes? Se a mente for dependente, a vida não pode ir além do corpo. Então a vida levará você à morte. Mas, se a mente for independente, então o olhar da vida poderá mirar a imortalidade.

Comumente, nossa mente é dependente. Nossa mente não conhece a liberdade. Não apenas vestimos as mesmas roupas que os outros, comemos o que os outros comem, nós também pensamos o que os outros pensam. No nível do pensamento, nós também somos seguidores – e alguém que é seguidor é dependente. Qualquer pessoa que segue outra é dependente. Assim, no nível do corpo, somos dependentes, e, no nível da mente, nós nos fizemos dependentes. Você já teve um ou dois pensamentos próprios, ou todos os seus pensamentos são emprestados? Um único pensamento já nasceu dentro de você, ou pegou todos os seus pensamentos do lado de fora?

Você deve ter muitos pensamentos em sua mente, então preste um pouco de atenção neles. Se fizer isso, verá que eles vieram de algum lugar e estão acumulados dentro de você. Assim como os pássaros vêm e pousam nas árvores à tarde, os pensamentos também vêm e pousam em nossa mente. Eles são todos pensamentos alheios, são de fora de você, emprestados. Apenas alguém que é capaz de gerar um ou dois pensamentos por si próprio tem o direito de se chamar de homem. Então, dentro dele, começa a liberdade; do contrário, ele é dependente.

Todos os seres humanos são dependentes, e a raiz dessa dependência está no fato de que nunca pensaram nada por si mesmos. Simplesmente aceitaram todos aqueles pensamentos alheios; disseram sim a eles. Desenvolveram fé nesses pensamentos;

desenvolveram confiança neles, começaram a acreditar neles. Por milhares de anos, as pessoas foram ensinadas a acreditar e não a pensar. As pessoas foram ensinadas a ter fé e não a contemplar. Por milhares de anos, as pessoas foram ensinadas a confiar cegamente e não a refletir. Por milhares de anos, convicção, fé e crenças foram ensinadas, mas não a contemplação. E o resultado de tudo isso é que a espécie humana se tornou mais e mais dependente, nossa mente está presa por correntes. Apenas repete coisas emprestadas de outras, não pensa nada por si própria.

Para qualquer pergunta que eu faça, sua resposta será uma repetição; não será resultado de uma contemplação. Se eu lhe perguntar: "Deus existe?", pense se a resposta que vem à tona é mesmo sua. Se eu lhe perguntar: "Existe alma?", pense se a resposta que há dentro de si – "Sim, existe"; "Não, não existe" – surgiu do seu pensamento ou veio apenas por causa do ambiente em que você viveu. Você leu sobre isso em alguma escritura? Você ouviu de algum mestre e aceitou? Ou você sabia? Se a resposta não vier daquilo que você sabe, saiba então que sua mente é dependente.

Esqueça as questões sobre a alma e Deus; até as experiências mais normais da vida não são nossas, também são repetidas. Se eu lhe mostrar uma rosa e lhe perguntar se é bonita, talvez você responda: "Sim, é bonita". Mas reflita um pouco: você só aceitou isso ou soube disso por você mesmo? No mundo, diferentes raças consideram diferentes tipos de flores bonitas; comunidades diferentes consideram diferentes tipos de rostos bonitos. Crianças nascidas em certas comunidades simplesmente aprendem a definição de beleza e seguem repetindo isso pela vida afora.

Um nariz considerado bonito na Índia não é considerado bonito na China. Assim, surge a dúvida se o conceito de beleza é nosso ou é algo que adquirimos da sociedade. Um rosto considerado bonito na Índia não é considerado bonito no Japão, e o rosto de uma pessoa negra – considerado bonito em uma comunidade negra – não será considerado bonito na Índia. Na Índia, lábios finos são considerados bonitos, mas, para um negro, lábios cheios são considerados bonitos. Uma criança negra repetirá a vida toda que lábios cheios são bonitos, enquanto uma criança nascida na Índia seguirá repetindo por toda a vida que lábios finos são bonitos. Qual lábio é bonito? Qual rosto, qual flor? Não respondemos por nossa experiência própria, estamos apenas repetindo.

Se eu lhe perguntar o que é o amor, você vai apenas repetir alguma resposta. Deve tê-la lido em algum lugar. Você mal conheceu e explorou o amor.

Se nossa personalidade e nossa mente são tão repetitivas, se elas apenas ecoam a sociedade, elas não serão independentes – como poderiam ser? Somos somente ecos, somos somente repetição. A voz da sociedade segue ecoando através de nós e seguimos repetindo-a. Não somos indivíduos; a individualidade simplesmente não nasceu conosco.

Como uma pessoa cuja individualidade não se manifestou pode alcançar a imortalidade? O que você tem que deseja preservar? O que você tem que pode dizer ser seu, que pode dizer que conheceu e viveu? Se você não tem nada, então a morte é certa e tudo o que você adquiriu através da sociedade será inútil. Aquilo que você criou, que não foi adquirido através da sociedade, não teria vindo de outra pessoa? Você consegue dizer o que é autenticamente seu? Se não tem nada, como será capaz de ver a alma que o habita?

Quando você tem algo autenticamente seu na mente, começa a mover-se na direção da alma. Então você se torna valioso, então é capaz de conhecer a alma. Até que tenha uma mente independente, é simplesmente impossível que a individualidade nasça. Nossa mente é muito dependente; nossa mente é escrava. E a escravidão da mente é muito profunda.

Fomos preparados para a escravidão de mil maneiras diferentes. Em cada uma delas, há um esforço para nos escravizar – e há razões para esse esforço. É interessante para a sociedade que uma pessoa se mantenha escrava, é interessante para o Estado que uma pessoa se mantenha escrava, é interessante para as religiões e seitas que uma pessoa se mantenha escrava, é interessante para os padres e os eruditos. Quanto mais escravizada é uma pessoa, mais explorada ela pode ser. Quanto mais escravizada é uma pessoa, menor a possibilidade de ela se rebelar. Se a mente de uma pessoa é dependente por completo, ela não é perigosa para a sociedade. Rebeliões e revoluções tornam-se impossíveis.

◆ Mente independente ◆

A sociedade não quer que a mente de ninguém seja independente. Assim, desde a infância, ela tenta de todas as formas fazer uma pessoa dependente. A base para escravizar uma mente é a educação e o condicionamento. Antes de percebermos, já estamos presos por correntes. As correntes têm muitos nomes – pode ser hindu, pode ser jainista, pode ser indiana ou não indiana, pode ser cristã ou maometana: as correntes têm rótulos diferentes, nomes diferentes. Mil e uma correntes aprisionam nossa mente e, cedo ou tarde, paramos de notá-las.

Poucas pessoas pensam, a maioria faz apenas citações. Assim, não faz diferença se elas citam Mahavira, se citam Buda, se citam a Gita ou o Alcorão. Desde que cite alguém, você comete o maior pecado contra sua alma. Enquanto citar alguém, você não deseja ser independente. A sociedade diz: aqueles que não têm fé não encontrarão a alma; aqueles que não creem não serão capazes de encontrar *moksha*[2]. Mas isso é tolice!

A crença é cega, a crença é servidão, mas *moksha* é a liberdade definitiva. Como é possível encontrar *moksha* através da crença? Como você encontra a alma através da crença? A crença é simplesmente cega. Ela é cega no mesmo nível da cegueira do corpo: a cegueira do desejo. Se esse mesmo nível de cegueira nascer na mente, torna-se crença. Eu os convoco a abandonar todas as crenças e dar à luz o pensamento. O estado da crença é um estado não pensante.

Mas, antes de tudo, por que começamos a crer? É possível entender que a crença é interessante para a sociedade, crer é interessante para a exploração, crer é interessante aos templos e aos sacerdotes: o negócio deles depende da crença. O dia em que você parar de crer, o negócio deles vai quebrar. Assim, é fácil entender que é interessante para eles, mas por que uma pessoa *começa* a crer? Por que você e eu começamos a crer?

Começamos a crer porque a crença está disponível sem que se faça esforço algum, sem trabalho duro, enquanto pensar requer um esforço. Para pensar, você precisará passar pela dor, pela ansiedade; para pensar, você precisará passar por sofrimentos. Para pensar, você precisará duvidar, precisará ficar confuso. No

---

2. Na filosofia hindu e no jainismo, atingir o *moksha* é alcançar a transcendência. (N. do T.)

◆ Livre de pensamentos emprestados ◆

pensamento, você está sozinho, enquanto, na crença, uma multidão está com você. Na crença existe um tipo de segurança, um tipo de apoio, mas no pensamento existe uma grande insegurança. Existe medo de extraviar-se, existe a possibilidade de cometer erros, e existe o medo de desaparecer.

Assim, no mundo das crenças, caminhamos com a multidão. Quando milhões de pessoas estão andando juntas pelo caminho, não sentimos medo – à nossa volta há muita gente. O caminho da crença é simplesmente o caminho da multidão; o caminho do pensamento é o caminho da solidão. Lá, você estará sozinho; lá, você não terá nenhum apoio, pois não haverá nenhuma multidão ao seu redor. Uma multidão pode fazê-lo acreditar em coisas que nem imagina.

Aristóteles escreveu que as mulheres têm menos dentes que os homens. No Ocidente, ele é considerado um sábio, é considerado o pai da lógica, o pioneiro da lógica. Ele não tinha apenas uma esposa, tinha duas, mas nunca se incomodou em abrir a boca de uma delas e contar quantos dentes tinha. Na Grécia, por milhares de anos, acreditou-se que as mulheres tinham menos dentes que os homens. De fato, é esperado que as mulheres tenham menos tudo em relação ao homem, pois uma mulher é supostamente um tipo inferior de animal. O homem é um tipo superior, então como pode uma mulher ter a mesma quantidade de dentes? Era óbvio, então ninguém se incomodou em contá-los.

As mulheres estavam num estado tão lamentável que simplesmente aceitavam qualquer coisa que os homens dissessem. Elas nunca contaram seus próprios dentes! Então, se um homem – Aristóteles – escreveu em um livro que as mulheres têm menos dentes que os homens, na Europa, milhares de anos depois de sua morte, acreditou-se nisso. Mas nunca ocorreu a nenhuma pessoa inteligente que era preciso contá-los. O pensamento de contá-los só pode ocorrer a alguém que começa a pensar. Se alguém apenas acredita, não vê motivo para contá-los.

Por milhares de anos, a multidão acreditou em mil e uma idiotices. Existem muitas pessoas sábias na multidão, mas pensar nunca lhes ocorreu porque a dúvida nunca surgiu em sua mente. Se a dúvida não surge na mente de alguém, o pensamento não nasce. Não há habilidade espiritual maior que duvidar. Não há

◆ Mente independente ◆

pecado maior do que ter fé e não há religião maior do que ter dúvida. A dúvida é necessária, pois, se ela não surge, você não consegue se livrar da sociedade e da multidão. Não consegue tornar-se independente. A multidão simplesmente lhe diz para não duvidar, pois quem duvida será destruído.

Mas eu digo que alguém que duvida foi encontrado; e alguém que crê é destruído – não há dúvidas sobre isso. Ele já estava destruído quando começou a acreditar. A crença significa: "Sou cego e aceito tudo o que está sendo dito". A dúvida significa: "Não quero ser cego, vou pensar. Até que e ao menos que eu experimente isso pessoalmente, não estou pronto para acreditar". Existe coragem na dúvida e preguiça na crença. É por causa da preguiça que começamos a acreditar. Quem quer sair nessa busca? Então, o que quer que os outros digam, nós apenas acreditamos.

Quando uma tradição sobrevive por milhares de anos, é algo poderoso. Achamos que as pessoas não podem estar erradas por milhares de anos: se, em todo esse tempo, bilhões e bilhões de pessoas pensaram dessa forma, devem estar certas. A multidão sanciona a verdade sobre alguma coisa, mas a opinião da multidão nunca é prova confiável. Muitas vezes, a multidão simplesmente segue imitando aqueles que morreram, a multidão nunca experimenta: não há nada que possibilite que uma multidão possa experimentar alguma coisa.

Um indivíduo experimenta, mas a sociedade não pode experimentar. A sociedade não tem uma alma que possa experimentar qualquer coisa; a sociedade é apenas uma máquina morta. Consequentemente, alguém que se mantém dependente da sociedade pouco a pouco também se torna uma máquina, sua individualidade é destruída. Ninguém pode tornar-se religioso sem ter se libertado da sociedade.

Você deve ter ouvido sobre *sannyasins*[3] escapando, renunciando à sociedade – mas eles não renunciam. Eles renunciam à casa e à família, mas nenhum *sannyasin* renuncia à sociedade. Se um *sanniasyn* de fato renunciar à sociedade, ele certamente alcança a verdade. Mesmo após se tornar um *sannyasin*, alguém que nasceu na religião jainista diz: "Eu sou um monge *jainista*" – isso mostra

---

3. Termo utilizado por Osho para definir aqueles que vivem de maneira não estruturada, ou seja, não se submetem ao que a sociedade impõe. (N. do T.)

que ele não renunciou à sociedade. Ele renunciou à sua casa, mas não renunciou à sociedade; renunciou à sua mulher, mas não renunciou aos seus líderes religiosos. Embora tenha escapado no nível do corpo, ainda é um escravo no nível da mente.

Não vale a pena escapar no nível do corpo. A verdadeira questão é escapar no nível da mente. A mente do monge ainda está presa à religião na qual ele foi ensinado e treinado desde a infância. Quaisquer que tenham sido as respostas que lhe foram dadas, elas continuam em sua mente. Ele ainda repete as escrituras que aprendeu. No nível da mente, ele é um escravo.

Eu os aconselho a não escapar no nível do corpo. Ninguém pode escapar nesse nível. Mesmo um *sannyasin* que pensa ter escapado no nível corpóreo não escapou, pois ainda tem que voltar à sociedade para pedir comida, tem que voltar à sociedade para pedir roupas. Como alguém pode escapar da sociedade no nível do corpo?

Ele poderia ter se libertado no nível mental. Mas, como não pôde se libertar nesse nível, caiu na arrogância de tornar-se livre em um nível do qual ninguém pode se livrar. No nível do corpo, ninguém pode simplesmente fugir. No nível do corpo, você tem que viver em grupo. Mesmo o maior santo tem que viver com apoio do grupo. Mas ele poderia ter se libertado no nível da mente – é aí que você deve se libertar. Mas ele não pôde.

Então, eu não lhe digo que você deve renunciar à casa e à família, isso é loucura. Mas, se alguém puder derrubar as paredes da casa mental, se puder desmanchar os quartos que criou em sua mente, se puder destruir as correntes, a liberdade vai começar em sua vida.

Assim, a primeira coisa é: duvide. Duvide de tudo o que lhe ensinaram. Não porque está errado; por favor, entendam isso corretamente. Duvide de Mahavira, duvide de Buda, não porque o que Mahavira e Buda disseram está errado – não por isso. Mas porque é errado acreditar. Entenda, duvide do Alcorão, duvide da Bíblia e duvide da Gita, não porque o que está escrito ali está errado; não estou dizendo isso. O que estou dizendo é que é errado acreditar, e, se você acredita, nunca vai conseguir saber o que está escrito e dito ali. Mas, se você duvidar, um dia, a mesma verdade que foi revelada a Mahavira e a Buda também será revelada a você.

◆ Mente independente ◆

Duvidar destrói o estado não pensante; acreditar intensifica o estado não pensante. A crença é o pilar do estado não pensante, e a dúvida destrói o estado não pensante.

Mas sempre haverá dor no pensar. Pensar é austeridade. Jejuar não é austeridade. Ter fome não é uma grande austeridade, ter sede não é uma grande austeridade: eles fazem isso até no circo. Mas duvidar é uma imensa austeridade. Pensar significa estar pronto para permanecer na insegurança, estar pronto para permanecer na ignorância, estar pronto para ficar de pé e largar todas as muletas. E lembre-se: enquanto alguém andar de muletas, nunca terá pés fortes o suficiente para andar sozinho.

Enquanto alguém acreditar, sua mente não ficará forte o suficiente para encontrar a verdade. É apenas quando estamos inseguros que nos fortalecemos. É apenas na insegurança que nossa energia se acumula, isso é o despertar. Se eu lhe disser para correr, você correrá, mas bem devagar. Se eu lhe disser para correr com todas as suas forças e energia, mesmo assim você correrá devagar. Mas, se alguém lhe estiver apontando uma arma, ameaçando sua vida, seus pés ganharão um impulso que nem você acharia ser possível.

Uma vez isso aconteceu...

◆

No Japão, o serviçal de um grande imperador apaixonou-se pela imperatriz. No momento em que o imperador descobriu... Era demasiadamente indecente e humilhante que um serviçal comum, um escravo, se apaixonasse pela imperatriz e ela por ele. A sociedade tem seus próprios padrões, mas o amor não sabe quem é escravo, quem é serviçal: o amor não conhece nada sobre nobres e plebeus. O amor simplesmente faz daquele que se apaixona um rei, e aquele que não se apaixona continua sendo ninguém.

O imperador pensou: "Que tipo de confusão é essa? É muito humilhante, e quando o boato se espalhar será horrível". Ele chamou o serviçal.

O serviçal era um homem muito amável e o imperador gostava imensamente dele. Ele disse ao serviçal:

— Seria apropriado que eu pegasse a espada e lhe cortasse a cabeça. Mas eu gosto de você, você é uma pessoa única, então vou lhe dar uma chance. Pegue uma espada e fique de frente para mim. Vamos lutar. Quem morrer morreu; quem viver será o marido da imperatriz.

Isso foi muito compassivo da parte do imperador, pois não era necessário que ele lutasse contra o serviçal e lhe desse uma chance. Poderia simplesmente tê-lo matado.

O serviçal disse:

— O que Vossa Majestade propõe é justo, mas a luta vai acabar rapidamente, pois nunca usei uma espada na vida. Então, se eu pegar uma agora, por quanto tempo serei capaz de enfrentá-lo? E o senhor é muito hábil. Sua fama como espadachim é conhecida em todos os cantos; não existe melhor espadachim que o senhor. Embora diga que tem compaixão por mim, isso com certeza não é compaixão. Eu sei o que é. Sei qual será o resultado final. Nunca empunhei uma espada, não sei nem *como* segurar uma espada. Como poderei vencê-lo?

Mas, já que era uma ordem do imperador, ele tinha que empunhar a espada. Todos os cortesãos estavam ali para assistir à luta. O imperador havia ganhado muitas batalhas em sua vida. Era bem sabido que não havia espadachim mais habilidoso que ele. Mas, quando a luta começou, as pessoas ficaram espantadas e o soberano ficou atônito: estava sendo difícil para ele usar sua esgrima contra o serviçal. O serviçal com certeza não entendia nada de esgrima, mas, mais de uma vez, o imperador teve que recuar. O serviçal o estava atacando tão obstinadamente que ele teve medo. Os ataques eram atrapalhados, caóticos; eles não tinham a técnica da esgrima.

O serviçal só tinha uma opção: matar ou morrer, então usou toda a sua energia. Toda a energia adormecida despertou, já que não havia alternativa: o imperador havia decidido que ele iria morrer, então ele estava fazendo de tudo para matar o soberano.

No fim, o imperador ordenou que ele parasse e disse:

— Estou impressionado, nunca vi um homem assim em toda a minha vida. Eu lutei por muitos anos, mas como pode um serviçal comum ter tamanha força e energia?

O velho primeiro-ministro respondeu:

— Eu já sabia que hoje você estaria encrencado. Você é um espadachim habilidoso, então, para o senhor, não havia possibilidade de morte. Mas, para o serviçal, embora ele não seja habilidoso, era

◆ Mente independente ◆

uma questão de vida ou morte. Assim, sua energia não estava de todo desperta, enquanto a dele *tinha* que estar completamente disponível. É por isso que foi impossível vencê-lo.

◆

Apenas quando o homem perde as muletas é que sua energia interna desperta. Enquanto nos agarramos em apoios, somos nossos próprios inimigos e não permitimos que a energia adormecida em nós desperte. Não há necessidade de que elas acordem, não há oportunidade de acordarem.

Mas o que acontecerá se você descartar todas as suas crenças? Será obrigado a pensar, a todo momento será forçado a pensar. E, assim, cada um dos problemas – mesmo o menor deles – será uma oportunidade para pensar. Você terá que pensar, pois vai ser impossível viver se não pensar. Jogue fora suas crenças. Então a energia do pensar, que está adormecida em você, será despertada de uma vez. Só quando alguém descarta suas crenças é que pode alcançar a sabedoria.

Até agora, todas as pessoas que alcançaram a sabedoria só o fizeram após descartar todas as crenças. Não conseguimos alcançá-la porque nos agarramos às crenças. Agarramo-nos às crenças por preguiça, por medo. Agarramo-nos às crenças pensando: "O que vai acontecer se não houver muletas? Sem muletas, vamos cair". Mas eu digo que é melhor cair do que confiar em algum apoio, pois, ao cair, você pelo menos está fazendo alguma coisa: está caindo. Ao menos alguma coisa está acontecendo por sua causa. Ainda que seja só cair, é obra sua. E, se você cair, certamente fará algo para se levantar de novo – quem quer ficar no chão?

Mas, quando você está se apoiando, se agarrando a algum suporte, não é por obra própria. Você não está de pé por conta própria; alguém está lhe dando apoio. Esse tipo de postura é totalmente falsa. Cair é real; apoiar-se nos ombros, ser carregado pelos ombros de alguém, é falso. Jogue fora os apoios. Se você realmente deseja descobrir a vida, jogue fora os apoios. Descarte todas as crenças. Dê ao pensamento a chance, o poder de ser ativo, de trabalhar. Dê ao pensamento a chance de nascer dentro de você.

◆ Livre de pensamentos emprestados ◆

Se quer aprender a nadar, é suficiente que pule na água sem nenhuma ajuda. As pessoas que sabem disso, que ensinam outras a nadar, estão apenas fazendo uma coisa: elas só as empurram para dentro da água. Todos temos instinto de sobrevivência e isso, por si só, torna-se o nado. Mas, se alguém acha que só vai entrar na água depois de ter aprendido a nadar, é melhor que saiba que nunca vai aprender. Um dia, vai ter que entrar na água sem ter aprendido. Um dia, terá que saltar em água desconhecida, pois só assim é que a habilidade de nadar poderá nascer dentro de alguém.

Mas a mente anseia constantemente por apoio. Uma mente que procura por apoio está buscando pela escravidão. Nós nos tornamos escravos de todo apoio que procuramos; tornamo-nos escravos daqueles aos quais recorremos por apoio. Pode ser um mestre ou pode ser um deus; pode ser um avatar ou um *tirthankara* – ou qualquer outra pessoa. Nós nos tornamos escravos de qualquer um a quem recorremos por apoio. Se você deixar todos os apoios, aquele que existe dentro de você vai despertar; a energia que está escondida dentro de você vai surgir. Vai surgir intensamente.

Se você decidir ser independente no nível da mente, ninguém no mundo será capaz de privá-lo de conhecer sua alma. Mas será preciso decidir: "Agora eu decido me tornar independente no nível da mente. Decido que não vou aceitar ser escravizado por ninguém no nível de meu pensamento. Decido não me tornar seguidor de ninguém. Nenhuma escritura e nenhuma doutrina serão capazes de sobrecarregar minha mente. Vou considerar verdadeiras apenas as verdades que encontrar sozinho. Outros podem ter outra verdade, mas não será verdade para mim".

Se você não tiver essa coragem, não poderá encontrar a vida. Se não tiver essa coragem, sua mente nunca conseguirá ser independente.

E digo mais: uma escravidão que dura muito tempo passa a ser acolhedora; uma escravidão que dura muito tempo começa a parecer prazerosa. Você sente medo de libertar-se dela, sente medo de deixá-la. O maior obstáculo para acabar com a escravidão é o próprio escravo que se apaixona por ela – ninguém mais pode libertá-lo. O escravo apaixona-se pela escravidão a

◆ Mente independente ◆

tal ponto que é capaz de morrer para defendê-la. Escravos deram a vida para proteger sua escravidão. Isso tem acontecido mundo afora por milhares de anos.

◆

Durante a Revolução Francesa, revolucionários tomaram a Bastilha. Pessoas tinham sido aprisionadas lá por centenas de anos. Era a prisão mais antiga da França, e os criminosos mais terríveis já haviam sido presos lá, prisioneiros sentenciados à prisão perpétua. Uns receberam trinta anos de prisão, outros quarenta, alguns até cinquenta anos. Então, os revolucionários pensaram que, ao tomarem a prisão, os prisioneiros ficariam felizes por ser libertados.

Invadiram a prisão e libertaram os prisioneiros de suas celas escuras. Suas mãos e pés estiveram acorrentados por anos. Uns estiveram acorrentados por trinta anos, outros por quarenta, alguns por até cinquenta anos. Um tinha ido para a prisão com vinte anos e tinha agora oitenta anos; passara sessenta anos com o peso de correntes. Então, os revolucionários quebraram as correntes dos presos e lhes disseram:

— Vão. Agora vocês são independentes, agora são livres.

Mas os prisioneiros ficaram atordoados e responderam:

— Não, estamos bem aqui. Vamos nos sentir muito mal lá fora. Passamos muitos anos de nossa vida nestas celas escuras. Começamos até a gostar delas; elas viraram nossa casa. Temos medo de ir lá fora, o que vamos fazer lá? Quem nos dará comida, quem nos dará água? Agora nós não temos nenhum amigo ou ente querido lá fora.

Mas os revolucionários eram teimosos e, naquele dia, levaram os prisioneiros para fora de suas celas à força. No dia seguinte, foram liberados. Quando saíram de suas celas, mas ainda dentro da prisão, eles choravam, dizendo que não queriam nem estar ali. E, quando foram liberados, mandados embora, ficaram ainda mais tristes, pois não queriam ir para fora. À noite, metade dos prisioneiros havia retornado à prisão.

Esse é um incidente ímpar na história.

Aqueles prisioneiros disseram: "Perdoe-nos, nós estávamos absolutamente bem aqui. Não nos sentimos bem lá fora. Sem as

◆ Livre de pensamentos emprestados ◆

correntes, nos sentimos nus. Sem as correntes, sentimos que nossos corpos estão magros. Não nos sentimos bem sem elas".

◆

No nível do corpo, existem correntes, e no nível da mente também existem correntes – e simplesmente não nos sentimos bem sem elas. Se eu lhes disser para não serem hindus por um instante, vocês começarão a se sentir muito incomodados, ficarão muito inquietos. Se eu lhes pedir para pararem de ser um hindu, ou um jainista, um maometano ou um cristão – já que estes são todos escravos – e passarem a ser apenas um homem, vocês ficarão muito inquietos e pensarão: "Sem ser um hindu, como posso existir? Como posso existir sem ser um maometano? Como posso existir a menos que eu esteja ligado a alguma seita? Estarei completamente vazio. Estarei com muita dificuldade". Por muitos anos, vocês ficaram presos por correntes invisíveis, e elas tomaram conta de sua mente.

Pense um pouco, reflita um pouco, junte um pouco de coragem e de determinação. Você precisa ter determinação se quiser sair em busca de uma religião, em busca de uma verdade. Se, um dia, você quiser saber o que transformou Sidarta Gautama em Buda, Jesus em Cristo e Mahavira em Jina, se quiser mesmo descobrir isso, então lembre-se: todas as correntes são fatais, são um obstáculo.

Nietzsche escreveu que o primeiro e último cristão foi crucificado, morreu na cruz. Ele escreveu isso sobre Cristo. O que houve com os "cristãos" que vieram depois dele? Quem são esses cristãos? O que significa tudo isso? Os cristãos que vieram depois não podem tornar-se Jesus, pois, para se tornar Jesus, você precisa ter individualidade, ser livre de todas as formas. Eles são simplesmente os escravos de Jesus.

Um seguidor de Mahavira nunca se tornará Mahavira, pois, para isso, sua alma teria que ser independente em todos os sentidos. Ele é simplesmente um escravo de Mahavira. Um seguidor de Buda nunca poderá se tornar Buda. Na verdade, aqueles que seguem nunca poderão tornar-se ninguém, pois aqueles que seguem estão encrencados, cometeram um erro fundamental: no momento em que passaram a seguir alguém, começaram a perder sua alma. Eles venderam sua liberdade e aceitaram a escravidão.

♦ Mente independente ♦

Desse modo, esta manhã, quero lhes dizer que, no estado não pensante, fés e crenças não permitem aos homens serem independentes; elas os mantêm dependentes. Uma mente dependente conhece apenas o corpo; não consegue conhecer nada além disso. Se a mente se torna independente, ela consegue conhecer aquilo que é a fonte da liberdade definitiva – chame isso de alma, Deus ou qualquer outro nome. Só uma mente independente é capaz de conhecer a liberdade. Apenas uma mente independente pode olhar na direção de uma alma independente. Uma mente dependente só consegue olhar na direção de um corpo dependente.

Então, como eu disse, o corpo é inevitavelmente dependente, e a alma é inevitavelmente independente. A mente pode ser independente, mas também pode ser dependente. Está nas suas mãos definir o que a sua mente é – independente ou dependente. Se você deseja manter sua mente dependente, não será capaz de saber nada além do corpo. Como o corpo vai morrer, você não será capaz de saber, de conhecer nada além da morte. Mas, se sua mente se tornar independente, poderá conhecer a alma. A alma é imortal; ela não nasce nem morre. Entretanto, isso não acontece só porque eu digo que é assim. Se eu disser que a alma não nasce nem morre e você apenas repetir, é perigoso, torna-se uma crença.

O que eu digo é: não apenas creia na existência da alma. Daqui em diante, não acredite nisso. Agora, você só precisa saber que sua mente é dependente e tem que se preencher com o desejo de fazê-la independente. No dia em que sua mente se tornar independente, nesse dia, você começará a vislumbrar a alma que o habita. No dia em que sua mente se tornar completamente independente, nesse dia, você criará raízes em sua alma. Isso é a vida; isso é a imortalidade. Isso é o centro do mundo, do poder e de toda a existência. Só ali está escondido o sentido da vida. Mas apenas aqueles que querem ser independentes podem encontrar esse sentido. Se você quer descobrir a verdade sobre a vida, primeiro precisa ser livre. Se estiver pronto para isso, a verdade da vida pode ser descoberta. Se não estiver pronto, não conseguirá conhecer nada além da morte.

Eu lhes disse algumas coisas sobre o estado não pensante, sobre a crença. Amanhã falarei como a mente pode se tornar independente. Amanhã falarei sobre o estado pensante e, no dia seguinte, sobre o estado sem pensamentos.

◆ Livre de pensamentos emprestados ◆

O estado pensante é apenas uma escada. Você não deve parar nele: deve ir além. Quando precisamos subir em um telhado, usamos uma escada; mas, se pararmos na escada, não conseguimos alcançar o telhado. Então usamos a escada, depois descartamos a escada. Para alcançar a alma, precisaremos ir do estado não pensante ao estado pensante; então teremos que abandonar o estado pensante para atingir o estado sem pensamentos. Depois de amanhã, falarei sobre o estado sem pensamentos.

Quaisquer perguntas que vocês tenham sobre isso... Vocês devem ter várias perguntas, pois eu tenho provocado vocês a duvidar. Se duvidarem do que eu digo, perguntas vão surgir. Só se duvidarem é que as perguntas virão. Duvidem bastante, o máximo que puderem, duvidem até o fim. Quanto mais duvidarem, mais o pensamento despertará em vocês. Então, não acreditem cegamente em tudo que eu disser. Não aceitem tudo – duvidem. Duvidem de tudo o que eu disse: façam perguntas, pensem, reflitam.

Não estou aqui para ensinar nada. Não existe nada mais perigoso do que ensinar. Não estou aqui para ensinar; não sou um professor. Estou aqui apenas para despertar algo em vocês. Posso lhes dar um empurrão, mas não ensinar. Posso lhes dar um estalo, mas não ensinar. Talvez seu sono termine depois desse estalo. Talvez alguém acorde, fique incomodado por dentro, fique inquieto – e algo surja nele.

Quando acordei hoje, um amigo veio até mim e disse:

— Passei a noite toda pensando na morte e não consegui dormir. Fiquei inquieto, fiquei incomodado. O que você diz certamente está correto: se a morte vai acontecer, tudo o que estou fazendo é inútil. Então, eu não deveria ficar inerte? Não deveria parar de fazer tudo?

Fiquei muito feliz por ele não ter conseguido dormir a noite toda. Se o sono desaparecer da sua vida, será o melhor evento da sua existência. Se você consegue ficar tão ansioso, se toda essa dúvida lhe surge, se todo esse pensamento desperta e você não consegue dormir, algo pode acontecer na sua vida. Mas agora você está dormindo tão profundamente que não existe a menor possibilidade de algo acontecer em sua vida.

Vou concluir esta palestra com uma pequena história...

◆ Mente independente ◆

◆

O místico Bheekhan estava visitando uma vila e, um dia, deu uma palestra. Enquanto falava, um homem dormia bem à sua frente. Seu nome talvez fosse Asoji. Bheekhan interrompeu sua fala no meio e lhe perguntou:

— Asoji, você está dormindo?

Ele abriu os olhos imediatamente e disse:

— Não, não, o que você está dizendo? Eu, dormindo?

Ninguém que dorme daquele jeito aceita que está dormindo. Então, embora *estivesse* dormindo, ele imediatamente abriu os olhos e disse: "Não, não estou dormindo".

A palestra recomeçou, mas por quanto tempo uma pessoa com sono consegue ficar acordada? Ele começou a dormir de novo. Mais uma vez, Bheekhan lhe perguntou:

— Asoji, você está dormindo?

Ele respondeu "Não", e de novo abriu os olhos. Dessa vez ele disse não mais alto que antes, pois, se dissesse baixo, as pessoas poderiam desconfiar. Então, dessa vez, ele disse mais alto:

— Eu não estou dormindo mesmo. Por que você fica me perguntando de novo e de novo se eu estou dormindo ou não?

O povo da vila estava ouvindo a conversa e, se descobrissem que Asoji estava dormindo durante a palestra, sua reputação seria afetada. Mas isso parecia não importar. A palestra continuou e, pouco depois, ele caiu no sono novamente!

O que Bheekhan perguntou a ele foi algo realmente único. Ele perguntou:

— Asoji, você está vivendo?

Asoji respondeu:

— Não. — Pois, em seu sono, ele ouviu Bheekhan lhe perguntar novamente a mesma coisa: se ele estava dormindo ou não. — Não mesmo.

Bheekhan disse:

— Agora você respondeu honestamente.

◆

Uma pessoa que permanece dormente não vive. Não importa quantas vezes ela diga: "Não, não, não estou dormindo".

◆ Livre de pensamentos emprestados ◆

Não é uma pergunta que deve ser respondida aos outros, é uma questão para olhar-se a si mesmo e refletir: "Estou dormindo na vida? Continuo dormindo? Nenhuma pergunta está surgindo em mim. Nenhuma ansiedade está surgindo, nenhuma inquietação sobre a vida. Nenhum descontentamento, nenhum incômodo está surgindo".

Devem ter dito a você que uma pessoa religiosa é calma e contida. Mas eu não digo isso. Uma pessoa religiosa está extremamente descontente com sua vida, está extremamente incomodada. Ela não consegue encontrar paz em nenhuma parte de sua vida. Toda sua vida lhe parece fútil. Uma dor profunda, uma angústia profunda nasce dentro dela. Todo o seu ser começa a tremer; todo o seu ser se enche de ansiedade. De toda essa ansiedade, de todo esse pensamento e contemplação, começa uma nova direção; ela inicia uma nova busca.

Abençoados sejam aqueles que estão descontentes. Os contentes estão à beira da morte. Não existe nenhuma oportunidade para que algo aconteça dentro deles.

Assim, eu não quero ensinar-lhes nada. Quero dar a vocês algum descontentamento. Muitos de vocês podem ter vindo aqui com a ideia de alcançar a paz, o silêncio. Eu quero incomodá-los, pois aqueles que não se incomodam não conseguirão alcançar a paz. Para aquele que não consegue ficar completamente descontente, o destino não reservará nenhum contentamento.

Quero que a existência o deixe descontente, que o seu sono se inquiete e que tudo comece a parecer fútil para você. Que tudo que esteja fazendo comece a parecer-lhe errado. Que o caminho que esteja trilhando não lhe pareça o melhor caminho. Se achar que seus amigos não são seus amigos, que seus companheiros não são companheiros e que todos os suportes que tem na vida estão desabando – você está extremamente inseguro e sozinho –, o pensamento poderá nascer dentro de você.

Quaisquer perguntas que haja sobre isso, serão discutidas à tarde.

3

Fé e crenças que impedem a liberdade

Muitas perguntas chegaram até mim. Muitas delas surgiram da conversa da sessão da manhã, na qual eu os provoquei a começar a pensar de forma independente.

Alguém perguntou...

Osho,
Se não houver fé, o que acontecerá com o homem comum?

As pessoas estão muito preocupadas com o homem comum. Hoje de manhã, ao terminar minha palestra, alguém veio e me perguntou: "O que acontecerá com o homem comum? Ele não pode simplesmente extraviar-se?" – como se, até agora, o homem comum não tivesse se extraviado; como se, até agora, o homem comum estivesse bem do jeito que está! É simplesmente aceito que a condição do homem comum seja boa do jeito que é, uma condição absolutamente ótima. Mas que, se sua fé for abalada, se ele descartar suas crenças, ele vai extraviar-se.

Também me perguntaram...

Osho,
Se alguém abandonar a fé e a confiança, se não houver fé
ou crença, isso não levaria à degradação e à propagação do
mau comportamento?

◆ Fé e crenças que impedem a liberdade ◆

Como se, agora, houvesse conduta imensamente boa, como se, neste momento, grandes princípios éticos estivessem sendo propagados, como se, por milhares de anos, não tivesse havido maus comportamentos.

Se a situação na qual nos encontramos agora não é de mau comportamento, então o que é mau comportamento? O que temos na vida que podemos dizer não ser prejudicial? Mas, como tem sido assim por milhares de anos, nós nos acostumamos. E, se nos desviarmos disso, vamos ter muito medo. É como uma pessoa doente que pergunta: "Se eu tomar remédio e minha doença sarar, o que vai acontecer?".

O resultado de o homem ter fé e crenças é que ele sucumbiu. E a base dessa queda é a cegueira; a queda começa com a cegueira. Para uma pessoa que pegou pensamentos e contemplações emprestados, o que mais pode acontecer a não ser a queda? Alguém que destruiu sua própria dignidade, que simplesmente destruiu sua liberdade de pensamento, não pode estar em melhores condições que os animais. Se existe alguma diferença entre homens e animais é que homens têm o poder de pensar. Se pararmos de pensar e começarmos a crer, inevitavelmente voltaremos ao estado de animais. Para alguém que não pensa, não existe outra saída que não seja a queda. Essa propaganda milenar de fé e de crença é que nos trouxe a esse estado.

Perguntar esse tipo de coisa – "Um homem comum vai extraviar-se?" – significa apenas isto: quem faz essa pergunta se considera uma pessoa extraordinária. Quem pergunta isso o faz por pena dos outros. Sente que ele não tem nada a temer, pois é muito especial, só os outros – pessoas comuns – vão extraviar-se! Nos últimos tempos, tenho tido o privilégio de conhecer milhares de pessoas todos os dias e, até hoje, nunca encontrei uma única pessoa que me dissesse: "Eu sou um homem comum". Todas as pessoas vivem sob a ilusão de que são especiais e todas as outras são comuns. Todas me fazem a mesma pergunta: "O que vai acontecer com as pessoas comuns?". Até hoje, ninguém nunca me perguntou: "O que vai acontecer *comigo*?".

Onde estão essas pessoas comuns? Eu também tenho estado à procura delas, mas ainda não as encontrei. Se vocês as encontrarem, por favor, me digam quem elas são. Quem são essas pessoas comuns? E quem são as poucas escolhidas? É apenas o ego que se considera especial enquanto os outros são comuns. E todas as pessoas possuem esse ego: elas são especiais e todos os outros são comuns.

Na Arábia, existe um provérbio antigo que diz que sempre que Deus cria uma pessoa e a manda para o mundo, Ele sussurra algo em seu ouvido. Ao criar um homem, antes de enviá-lo ao mundo, Deus diz: "Eu nunca criei alguém melhor que você". Ele diz isso a todos. E parece ser verdade. Parece que algo desse tipo está de fato acontecendo, do contrário, não teríamos tantas pessoas iludidas.

◆

Gandhi foi à Inglaterra para participar de uma conferência em Londres. Seu secretário, Mahadev Desai, foi encontrar-se com George Bernard Shaw. Mahadev lhe perguntou:

— Você deve considerar Gandhi um *mahatma*, uma alma virtuosa, não?

— Sim, mas eu o considero o número dois — disse Bernard Shaw. — Quanto ao número um, este sou eu!

Mahadev ficou chocado. Ele nunca imaginou que isso pudesse acontecer. Na Índia, ninguém ousaria dizer que é o número um. Poder-se-ia pensar isso, lá no fundo, mas ninguém ousaria dizê-lo em voz alta. Poder-se-ia dizer isso às costas de Gandhi, mas ninguém o diria na sua frente. Então, Mahadev nunca poderia ter imaginado que uma pessoa lhe diria na cara que Gandhi era a segunda alma mais virtuosa e que a primeira era ela própria. Ele retornou sentindo-se muito abatido e relatou o ocorrido a Gandhi.

Gandhi lhe disse:

— Parece que Shaw é um homem muito autêntico e honesto. Ele disse apenas o que todas as pessoas pensam de si mesmas.

◆

Todo mundo vive sob a ilusão de ser extraordinário, enquanto os outros são apenas comuns. Portanto, todos estão preocupados com os outros – pessoas comuns. O que vai acontecer com elas? O que vai acontecer com essas pobres pessoas? Deixem-me dizer para vocês que esse tipo de ego é muito comum. O pensamento

◆ Fé e crenças que impedem a liberdade ◆

"sou especial" é sinal de um homem muito comum. Nunca ocorre àqueles que realmente são especiais que eles são especiais. Aqueles que são verdadeiramente especiais nunca acham que o são. Ao mesmo tempo, eles não pensam que alguém seja comum.

Se você me perguntar a quem eu chamaria de pessoa comum, eu lhe diria apenas que uma pessoa comum é aquela que duvida da própria inteligência, de seu próprio pensamento. Em vez disso, ela acredita na inteligência e nos pensamentos dos outros. Apenas esse tipo de pessoa é comum. Se ela quiser se livrar do confinamento de ser chamada de pessoa comum, a primeira coisa a fazer é desvencilhar-se da cegueira da fé e das crenças.

Quando digo que você precisará se livrar da cegueira da fé e das crenças, significa que terá que acreditar em si mesmo. Uma pessoa que acredita nos outros inevitavelmente desacredita de si mesma. É a falta de confiança em si que se torna a confiança nos outros. Se eu não acreditar em minha própria força, vou acreditar na força de outras pessoas. E, se eu tiver confiança em minha própria força, *não* vou acreditar na força de outras pessoas.

Acreditar em si *não* é obstáculo nenhum, mas acreditar nos outros é fatal. Quando eu lhes disse para pensar, foi no sentido de crer em si mesmos. Quando eu lhes digo para apoiar-se sobre os próprios pés, pensar e refletir por si mesmos, ter experiências próprias, estou lhes dizendo para acreditarem em si. Propositalmente, não usei a palavra "crença", porque essa palavra tornou-se venenosa e pode iludir. Por isso, eu lhes disse para pensar, pedi para investigarem por si mesmos. Mas minha proposta é muito clara. Minha proposta é: eu quero que você pare de crer nos outros e passe a acreditar em você. Acreditar em si é o único caminho em direção à alma. Quando eu insisto que pare de acreditar nos outros, é apenas por uma razão: você pode começar a acreditar em si mesmo.

Ninguém é comum. Apenas uma pessoa que não acredita em si é comum; ela está doente. O que *acontecerá* com o homem comum quando ele passar a acreditar em si? O que quer que aconteça será bastante positivo. Qual é o medo por trás dessa pergunta? Existem razões para esse medo.

Uma delas é: temos medo de que o homem comum vire uma pessoa com vontade própria, de que ele seja imoral, antiético, de que abandone a moralidade e a espiritualidade. Mas por que esse medo? Temos esse medo porque, até hoje, qualquer espiritualidade que vemos nas pessoas foi imposta a elas. Qualquer moralidade que vemos nelas foi-lhes inculcada. Se elas tiverem uma chance de se tornarem independentes, a primeira coisa a fazer será abandonar esse fardo imediatamente. Esse é o medo.

Se a liberdade nos tirar a moralidade e a espiritualidade, ficaremos sabendo que elas eram falsas. A moralidade e a espiritualidade que nos são tiradas pelo nascimento da liberdade certamente são falsas. Apenas a moralidade e a espiritualidade que ficam mais profundas com o nascimento da liberdade é que são autênticas. Mas, porque nossa espiritualidade é falsa, nossa moralidade e ética são falsas, nós temos esse medo.

A espiritualidade que foi imposta ao homem é falsa, toda sua moralidade é falsa. Sua boa conduta não surgiu de sua alma. Ao contrário, devido ao medo e à ganância, ele as veste como uma capa. Por isso há o medo de que, se o homem começar a pensar independentemente, ele se tornará imoral.

A liberdade é apenas um teste. Você não rouba, porque um policial está parado na rua; você não rouba, porque um juiz está sentado no tribunal. E há ainda o tribunal de Deus, que o manda para o céu ou para o inferno: é por isso que você não rouba. Se todos esses tribunais desaparecerem, se todas as autoridades desaparecerem – de Deus ao policial –, existe o medo de que começaremos a roubar. Mas pode se chamar moralidade o fato de que, por medo dessas autoridades, nós não roubemos? É religiosidade? A própria presença delas já não é prova de que não somos morais? É por medo do inferno e do céu que você não rouba e não trapaceia. É essa a prova de que você é moral? Não, a única prova de que você é moral é sê-lo mesmo quando não há ninguém a quem temer; mesmo quando não há nada a temer, a bondade existe em sua vida; mesmo quando não existe nenhum tipo de recompensa, a verdade e o amor fluem pela sua vida. A liberdade é o único critério para determinar se uma pessoa é moral ou imoral. Apenas a liberdade, em todos os seus aspectos, indicará onde nos posicionamos.

Deixem-me dizer mais uma coisa: de certo modo, o medo que aqueles que, em todo o mundo, se dizem religiosos têm – se

◆ Fé e crenças que impedem a liberdade ◆

houver mais liberdade, a imoralidade vai aumentar – existe porque, por milhares de anos, eles impuseram uma falsa moralidade
ao homem. Para mim, uma imoralidade verdadeira é melhor que
uma moralidade falsa. Melhor do que considerar-me desnecessariamente um cavalheiro, é permanecer sendo o homem grosso;
pelo menos isso será mais próximo da verdade. Ter ciência de que
sou um ladrão ao menos estará mais próximo da verdade. Uma
vez que eu tiver clareza de que de fato sou um ladrão, a possibilidade de transformação – parar de roubar – está criada.

Se tivermos plena consciência de que o homem não é moral,
mas imoral, de que nossa civilização é falsa e nossa cultura não faz
sentido, se isso ficar extremamente claro para nós, poderemos re-
pensar o homem, nós mesmos, cada um. Então, poderemos pensar
em mudar nossa vida de alguma forma, dando a ela uma nova
direção. Mas, para aqueles que estão sob a ilusão de serem morais
e éticos, embora no fundo sejam imorais e antiéticos, a porta da
transformação permanece fechada.

Uma vez que começarmos a pensar independentemente, a
primeira coisa que vai acontecer é que passaremos a ver algumas
verdades sobre nós mesmos. Poucos de nós conseguem vê-las; todos pensamos ser algo que não somos. Alguém pode vestir algum
tipo de hábito e pensar ser um santo. Alguém aplica sândalo sobre a testa, coloca um *mala*[4], coloca um terço sagrado em volta do
pescoço e pensa ser um religioso. Alguém pode ir ao templo todas
as manhãs e pensar que está ganhando virtude com isso. Se começarmos a pensar independentemente, veremos que não há nada de
religioso nessas coisas. Pode alguém virar um santo por vestir certo tipo de roupa? Ou pode alguém virar um santo por comer
certo tipo de comida? Nem se torna santo comendo certo tipo de
comida, nem se torna monge vestindo certo tipo de hábito.
Roupa e comida são coisas absolutamente triviais, mas santidade é algo único e precioso. Ninguém se torna santo por fazer
coisas tão triviais.

Nunca soubemos tais verdades sobre nós mesmos, nunca
soubemos tais fatos porque nosso pensamento não é independente. Quando todos dizem que as pessoas que vestem essas

---

4. *Japamala*: pulseira ou colar feito principalmente de sementes de sândalo e utilizado
para auxiliar na meditação. (N. do T.)

◆ Mente independente ◆

roupas são santas, nós também começamos a dizê-lo. E, porque consideramos que as pessoas que vestem essas roupas são santas, um dia vestimos as roupas e nos consideramos santos também. Não nos ocorre perguntar o que tudo isso tem a ver com santidade; só aceitamos cegamente.

A verdade é que é difícil encontrar alguém mais tolo do que aquele que vê santidade no fato de alguém estar vestindo um certo tipo de roupa. E quanto àquele que vê santidade no fato de alguém estar comendo um tipo diferente de comida, só nos resta rir, mais nada. Nunca enxergamos coisas tão ridículas, pois, para vê-las, é preciso pensamento independente. Só o pensamento independente poderá nos revelar verdades óbvias sobre nós mesmos. Se houver inferno em nós, ele vai revelá-lo. Podemos tê-lo coberto com flores perfumadas – não faz diferença. Se houver um animal dentro de nós, esse animal será revelado em toda sua nudez. A menos que vejamos nossa verdade e nossa realidade em detalhes, não existe crescimento possível em nossa vida.

O que sou eu? É essencial saber isso em toda sua nudez. É necessário que eu saiba quem sou e o que sou. Só assim a transformação pode acontecer. E o mais surpreendente é que, uma vez que você se conhece com essa profundidade, simplesmente não consegue mais evitar ser transformado. Quando você consegue, de fato, ver que é um ladrão, é impossível que não se transforme. Mas você não enxerga isso, pois faz doações à caridade, faz trabalho social. Roubar está escondido sob a capa da caridade. É por isso que todos os ladrões doam. Nenhum ladrão consegue evitar, pois fazendo isso é que ele esconde o fato de ser um ladrão. Ele pode relaxar, e não verá sua nudez. Encontramos muitas maneiras de esconder tudo que é desprezível em nós, tudo que é mau, onde quer que estejamos errando.

Uma pessoa não religiosa tem um motivo para ir ao templo. É uma maneira conveniente de se cobrir de espiritualidade; assim, a autoilusão é fácil. "Eu, irreligioso? Quem, eu? Certamente não sou irreligioso. Aqueles que não visitam o templo são irreligiosos, mas eu seguramente sou religioso." Assim, ele esconde sua irreligiosidade interna.

Toda nossa moralidade e nossa ética estão apenas escondendo a imoralidade profunda que existe em nós – nada mais. É por essa razão que existem tantos templos e tantas pessoas os visitando. Mas onde está a religiosidade? É por isso que existem tantas religiões e tantos monges. No mundo todo existem milhares de monges, mas o mundo está atulhado de exemplos de má conduta. Quando existem tantas luzes brilhando por todo o mundo...

Ontem mesmo alguém estava me dizendo que, no mundo inteiro, existem um milhão e duzentos mil monges católicos. Um amigo chegou e estava me falando sobre a Tailândia: de uma população de apenas quarenta milhões, dois milhões são monges. Na Índia, existem cinco milhões de *sannyasins*. Então, em um mundo onde há tantos monges e *sannyasins*, em um mundo onde há tantas pessoas santas, deve existir luz, luz em todos os lugares. Mas elas devem ser luzes extintas, boas para as estatísticas, mas sem irradiar nenhuma luminosidade, ou seja lá o que for. São boas apenas para gerar barulho e problemas, boas apenas para criar brigas entre as pessoas – nenhum amor surge nelas. Estamos nas garras de uma moralidade vazia.

Uma vez que sua mente for capaz de pensar, você verá de que lado realmente está. E, então, a imagem que terá de si mesmo pode não ser tão acolhedora. Olhá-la será doloroso para você. Quando a ilusão que tem sobre si mesmo ruir, você pode assustar-se, mas terá que passar por essa dor.

Aquele que quer renascer terá que passar pelas dores do parto. Ele terá que se despir de todas as roupas, terá que colocar sua moralidade vazia de lado, olhar para dentro de si e se perguntar: "O que existe dentro de mim? Quem está aí?". Se ele vir um animal lá dentro, não haverá motivo para cobrir-se nova e imediatamente com a capa da moralidade, pois é por causa dessas roupas que o animal está vivo e sobrevive. Então, esteja certo de removê-las.

Se desejar conhecer e ver a si como realmente é, isso lhe causará tanta dor que você estará pronto para mudar; não existe outra maneira. Se um ladrão puder ver-se claramente como um ladrão, se uma pessoa violenta puder ver-se claramente como violenta, será impossível que ela continue vivendo com o roubo ou a violência, do mesmo modo que ninguém consegue viver doente por muito tempo. Após perceber sua doença, sua intenção será tratar-se.

♦ Mente independente ♦

Essas doenças são ainda mais profundas, essas doenças o tocam mais a fundo que o corpo. Consciente disso, você verá que ela o toca na mente e no ser. Mas o homem não tem consciência disso, pois encontrou muitos truques para distrair sua mente. Ele esquece suas questões internas; elas permanecem dentro dele.

Portanto, sempre que surge a questão de colocar de lado a fé e as crenças, de estar pronto para ver a verdade dentro de nós, ficamos com medo de que a imoralidade se alastre, de que o mau comportamento se espalhe. Mas o mau comportamento só se manifesta onde ele já existe. Se ele não existir, como poderá manifestar-se?

Só aqueles que estão prontos para ver o animal dentro de si – sem escondê-lo – são capazes de se tornar independentes. Aqueles que mostram tal coragem, aqueles que desejam ver seu animal interior, deram o primeiro passo. Então, também terão coragem de tentar encontrar os meios de se livrar desse animal.

Só podemos nos libertar desse animal – imoralidade e mau comportamento – se estivermos atentos a ele. Mas como aqueles que estão dormindo podem se livrar dele? Seria melhor ter pessoas desonestas no mundo do que pessoas com falsa honestidade. Nesse mundo, seria possível que algo acontecesse, seria possível uma transformação. Num mundo onde há ladrões, seria claro que eles são ladrões. Pelo menos não estariam fazendo caridade ou construindo templos. Nesse tipo de mundo, algo pode acontecer.

A armadilha da sociedade é que descobrimos maneiras falsas de esconder quem realmente somos; nós as chamamos de moralidade, boa conduta – mas não é isso que elas são. Alguém jejua à noite e pensa ter se tornado não violento. Isso é o cúmulo da idiotice! Tornar-se não violento sai barato assim? – se você ficar sem jantar ou beber água, você se torna não violento! A não violência é uma revolução tão grande que, até que sua alma esteja totalmente desperta, é impossível alcançá-la. Mas você encontra formas menos custosas, o problema é resolvido, e você se torna não violento. E quando se consegue o conforto de tornar-se não violento de forma tão simples, quem se atreveria a se tornar verdadeiramente não violento? Quem estaria disposto a enfrentar toda essa revolução e dor? Assim, temos medo de que, se alguém começar a pensar de forma independente, ele vai começar a comer à noite. E o mau comportamento prevalecerá – como se o mau comportamento

◆ Fé e crenças que impedem a liberdade ◆

fosse erradicado do mundo se todos parassem de se alimentar à noite. Não é assim tão simples.

O mau comportamento está profundamente enraizado; ele não depende de quando ou do que comemos. Ele penetrou profundamente em seu ser. Desse modo, temos medo de que, se abandonarmos todas as coisas que nos foram impostas pela sociedade, se uma pessoa se tornar independente, quem sabe o que ela começará a comer e a beber, quem sabe o que ela passará a vestir, quem sabe quais músicas ela começará a cantar na estrada. Ela pode, inclusive, parar de frequentar o templo, parar de cantar hinos religiosos. Esse medo que nos permeia, que todos carregamos, é um indicador de que a moralidade que criamos há milhares de anos é falsa.

Qualquer pensamento moral que não anseia por dar liberdade ao homem é falso. Liberdade é a pedra de toque, o critério. Se um homem for tanto independente quanto moral, essa moralidade é real. Do meu ponto de vista, é isso que certamente vai acontecer, que está fadado a acontecer. Se você se tornar independente, algo benéfico virá à tona e se tornará claro para você. Para que se tenha o diagnóstico correto e o tratamento certo para uma doença, é preciso que haja clareza sobre a doença. Suas feridas e bolhas devem ser visíveis, não devem ficar escondidas; só assim poderão ser tratadas. Se estiverem visíveis, será difícil deixá-las sem tratamento.

Aqueles que alcançaram uma boa conduta genuína são pessoas que conheceram seu mau comportamento. Todas as pessoas que puderam ascender ao divino são aquelas que afundaram em si mesmas e conheceram seu animal. Qualquer um que queira tocar o céu deve encontrar suas raízes no inferno; do contrário, não é possível. Qualquer um que queira se elevar deve ir fundo em si mesmo e expor seu animal interior, dar uma boa olhada nele. Antes de ver o divino, você terá que ver o animal que o habita. Essa é a sua verdade. Ela está com você; você não pode fugir dela.

Não tenha medo da liberdade, tenha medo da falsidade. Tenha medo do engano e do autoengano. Tenha medo das fraudes sob as quais seguimos vivendo. Tenha medo das roupas que nos impomos a fim de esconder quem realmente somos. Disfarçar-se de Rama por certo não o fará Rama. Você será a mesma pessoa que é por dentro; no fundo, você será o mesmo.

◆ Mente independente ◆

O que eu vejo é: se você decidir ser independente, a dor surgirá em você, permita isso. Se alguma ideia, alguma vontade de mudar realmente surgiu dentro de você, olhe claramente para o que tem em seu íntimo. Seja um profundo conhecedor da sua realidade. Enquanto for dependente em seu pensamento, não conseguirá mudar; não é possível.

◆

Há mais ou menos quatrocentos ou quinhentos anos, um monge viajou da Índia à China. Lá, vivia um imperador chamado Wu. Ele havia construído muitos templos, havia construído muitas estátuas e tinha muitas escrituras impressas.

Quando ouviu falar sobre esse monge ímpar que vinha da Índia, Wu foi até a fronteira do estado para recebê-lo e dar-lhe as boas-vindas. Ele estava muito feliz. Por ter construído tantos templos, tantas estátuas e impresso tantas escrituras, todos os monges costumavam lhe dizer: "Você é um homem muito religioso, você é um homem muito virtuoso, o céu será seu".

Ele costumava distribuir comida de graça entre os monges, por isso, obviamente, esses monges cantavam canções em seu louvor: "Fique calmo, você vai para o céu. Você fez doações excepcionais; você realizou um trabalho muito espiritual. O céu será seu".

Assim, quando as notícias sobre a chegada iminente desse monge – seu nome era Bodidarma – espalharam-se por toda a China, Wu foi recebê-lo. Sua única preocupação era saber qual seria sua recompensa por ter construído tantos templos, por ter doado tanto dinheiro. Depois que Bodidarma descansou, Wu o chamou de lado e perguntou:

— Eu construí muitos templos e fiz muitos trabalhos espirituais, o que ganharei com isso?

— Absolutamente nada — Bodidarma respondeu. — E já que você está esperando algo em troca, já que está querendo ganhar por ter feito tanto, certamente perderá alguma coisa. Você não ganhará absolutamente nada.

Wu ficou muito nervoso.

— Mas todos aqueles monges me dizem que com certeza irei para o céu — falou ele.

— Eles o louvam porque você os alimenta — disse Bodidarma. — Eu estou lhe dizendo a verdade: você não ganhará nada, pois

◆ Fé e crenças que impedem a liberdade ◆

religião não tem nada a ver com o que você construiu ou criou. Não tem nada a ver com quantas estátuas você ergueu. Não tem nada a ver com quantos templos você construiu. Só tem a ver com o quanto sua alma se transformou.

◆

Construir um templo fará sua alma se transformar? Erguer estátuas fará sua alma se transformar? Certamente nenhuma transformação acontecerá devido a essas coisas. Sua alma será a mesma. O homem que queria ter um reino maior neste mundo, agora, com idade avançada, está se preparando para conquistar o Reino dos Céus. É por isso que ele constrói templos.

Quando queria um reino neste mundo, o homem alimentava os soldados de graça. Agora que quer um reino no outro mundo, alimenta os monges de graça. Onde está a diferença? Quando queria um grande reino neste mundo, o homem expandiu as fronteiras de seu império. Agora que quer um reino no outro mundo, no céu, faz caridade e demonstra compaixão. Mas é tudo falso, nada vem de seu ser. Por trás de tudo isso está o desejo de encontrar algo no outro mundo, assim você passa a agir da mesma forma que quando desejou encontrar algo neste mundo.

Aqueles que são muito gananciosos não se contentam em encontrar um reino na terra; querem encontrar também um reino no céu. Então, a chamada religiosidade – o céu será sua recompensa pela virtude; se você pecar, mentir ou trair, será punido no inferno – é baseada na ganância. Uma moralidade baseada na ganância e no medo da punição é falsa. O medo não é o primeiro mandamento da religiosidade. O primeiro mandamento da religiosidade é o destemor. E quem são aqueles que não têm medo? Apenas quem é independente. Onde houver liberdade, haverá destemor. Onde não houver liberdade, haverá medo. É só por causa do medo que somos dependentes.

A questão sobre se a imoralidade iria se espalhar, ou se o mau comportamento iria se espalhar, também veio à tona graças ao medo. A imoralidade e o mau comportamento já estão aqui, então não há questionamento sobre se vão ou não vão ocorrer. Se existe inferno, ele não pode ser pior do que a terra. O que pode ser pior do que isso? Vivenciamos violência vinte e quatro horas por dia.

◆ Mente independente ◆

Vivenciamos desonestidade a todo momento. Todos os dias, enganamos a nós mesmos e aos outros.

Os muito inteligentes tratam de enganar até mesmo a Deus. Fazem orações a Deus, cantam canções em Seu louvor; até O influenciam e lisonjeiam. Qualquer que seja a maneira lisonjeira que usam neste mundo, também a usam para louvar a Deus. Eles rezam: "Tu és grande, tirai os pecados do mundo e nós somos os pecadores". Eles estão agradando a Deus, estão subornando-O.

Em todo lugar existe trapaça – no templo, na espiritualidade. Em todo lugar existe desonestidade. E, em um mundo de tanta desonestidade e trapaça, estamos preocupados que não haja imoralidade! O que pode ser mais imoral que isso? Não existe nenhum amor em nosso coração. Só existem ódio e violência. É por isso que vez ou outra uma guerra acontece; aqui e ali, de um jeito ou de outro, o homem está brigando.

Alguém me disse que, em três mil anos de história da humanidade, 4.500 guerras aconteceram. Que tipo de mundo é este? Todo dia existe uma guerra acontecendo. E, quando não há nenhuma guerra acontecendo, preparações para uma estão em curso. Até agora, não se conhece nenhum período de paz na história da humanidade. Conhecemos apenas dois tipos de períodos: períodos de guerra e períodos de preparação para a guerra. Até hoje, nenhuma sociedade conheceu períodos de paz. As pessoas estão ou lutando ou se preparando para a luta. Enquanto se preparam para a luta, dizem que uma guerra fria está em curso. Quando começam a lutar, uma guerra quente se inicia, mas, em ambos os períodos, a luta continua. A todo momento, a luta continua e cada ser humano está lutando com alguém.

Onde existe ambição, existirá luta. Aqui, vocês podem estar sentados e relaxados, mas cada um tem um olho no peixe e outro no gato. Aqui, vocês podem estar sentados e relaxados, mas cada um tem uma corda para o outro se enforcar. Isso acontece a todo momento. Chamamos este mundo de moral – pensamos que ele é moral – e que, se o homem ficar independente, haverá mau comportamento. Isso é o resultado da dependência humana. Se quisermos destruí-la, teremos que juntar coragem e nos empenhar em fazer do homem um ser independente.

◆ Fé e crenças que impedem a liberdade ◆

Se o homem se tornar independente, destemido, se ele conhecer e reconhecer as realidades de sua vida, com certeza a vontade de mudar tudo o que for ruim em si vai surgir. O próprio reconhecimento daquilo que é ruim torna-se o motivo da transformação. Portanto, não vejo nenhuma razão pela qual, com liberdade, algo de ruim possa acontecer.

Toda essa conversa sobre o homem se tornar imoral se perder a fé é apenas para mantê-lo dependente, escravizá-lo. Fala-se sobre pessoas comuns para que a dependência continue, para que o homem não fique incomodado, não mude. Nenhum senhor está pronto para alforriar seus escravos. Ele diz aos escravos que, se eles o deixarem, passarão dificuldade, que é por sua causa que eles têm uma boa vida. Se o deixarem, enfrentarão grandes problemas. Todos os senhores dizem a mesma coisa; na verdade, é isso que define um senhor de escravos.

Exploradores também fazem a mesma coisa só para manter os explorados dependentes de si. Os padres e os políticos de todo o mundo são unânimes em um ponto: não há necessidade de que uma pessoa se torne independente. Quanto mais dependente ela for, melhor; o ideal seria que ela parasse completamente de pensar. Eles pensaram em como fazer o homem parar de pensar. Encontraram meios de fazer lavagem cerebral nas pessoas. Se alguém se mostra reflexivo, eles dão um jeito de lhe fazer uma lavagem cerebral e deixar sua mente em branco. Inventaram drogas como mescalina e LSD. Se alguém começar a usá-las, vai parar de pensar por conta própria.

Existem exploradores por todo o mundo; os chefes de Estado ou os líderes religiosos são grandes exploradores. Nenhum explorador quer que a ideia de se tornar independente ocorra a alguém, pois uma pessoa com pensamento independente pode ser a causa de uma revolução mundial. E, então, essa sociedade podre e malcheirosa não sobreviverá. Esse mundo podre e malcheiroso não será mais tolerado. O pensamento criará uma revolução no mundo. Criará uma grande fogueira e muita coisa será destruída. Assim, existe um medo imenso de que o homem comece a pensar.

É por isso que, em países totalitários – países nos quais existe ditadura –, as pessoas foram proibidas de pensar. Se você pensar, isso significa morrer. Se você pensar, será executado. Em todo o

◆ Mente independente ◆

mundo, vão tentar privá-lo do pensamento, se não hoje, amanhã. Coma, beba, fique em casa, leia o jornal – mas não pense. Pensar é muito perigoso, pensar é um ato muito rebelde. Onde houver pensamento, haverá revolta.

Por esse motivo, encontraram-se centenas de maneiras de fazê-lo parar de pensar por conta própria; você deve apenas aceitar o que lhe dizem. Um político lhe diz que você deve apenas aceitar aquilo que ele diz. Um padre também fala isto: aceite o que eu lhe digo. No mundo, todos os que estão no poder dizem a mesma coisa: acredite no que quer que digamos, pois, se você pensar, haverá perigo. Mas esse perigo não é para você! O perigo é para o poder deles, o perigo é para o mercado de exploração deles. Assim, fazem muitos arranjos, tentam encontrar mil argumentos para impedir que você pense.

Mas lembre-se: nada é mais valioso que a liberdade. Tudo o que se diz contra a liberdade é perigoso e não é no interesse da humanidade. A liberdade é uma porta que leva ao divino. Só uma mente independente consegue encontrar a beleza da vida, seu significado. Uma mente dependente, não.

◆

Algumas perguntas semelhantes vieram à tona.

> *Osho,*
> *Uma pessoa nasceu numa certa sociedade. Essa sociedade o criou, o educou, o ajudou a crescer. Então, como ela pode livrar-se dessa sociedade?*

O que você diz parece verdade. Você nasce dentro de uma sociedade, mas o que nasce não vem da sociedade. O que existe dentro de você não vem através da sociedade.

◆

Quando Buda voltou para casa, todo o vilarejo foi lhe dar as boas-vindas. Como seu filho estava voltando para casa depois de doze anos, também o pai dele estava lá. Todo o vilarejo foi receber Buda, mas seu pai foi para demonstrar sua raiva. Seu pai estava sob a ilusão de que, por ser seu filho, Buda havia nascido através dele e, ainda assim, tinha ido embora sem avisá-lo.

◆ Fé e crenças que impedem a liberdade ◆

Quando chegou lá, a primeira coisa que disse a Buda foi:

— Minhas portas estão abertas. Se você estiver pronto para pedir desculpas e voltar para casa, posso perdoá-lo agora. E meu coração sangra ao vê-lo pedir esmolas. Em nossa comunidade, em nossa família, ninguém nunca pediu esmolas. Ver suas mãos em formato de concha, pedindo, faz meu corpo todo se contorcer de dor. Você é um príncipe e não precisa pedir esmolas. Isso nunca aconteceu em nossa família.

Vocês sabem o que Buda respondeu? Ele respondeu:

— Você está enganado. Certamente eu vim através de você, mas não pertenço à sua família. Você é uma encruzilhada pela qual eu passei. Mas minha jornada está numa trilha diferente já há muito tempo. Embora tenha nascido por você, eu não lhe pertenço. Ninguém nunca pediu esmolas na *sua* família, pelo que sei, mas, na *minha* família, sempre se pediu esmolas. Até onde me lembro, eu sempre pedi esmolas. Sim, eu nasci através de você, mas não pertenço a você...

◆

Embora tenha nascido na sociedade, o que existe dentro de você não pertence a ela. A sociedade lhe proporcionou educação, comida, mas não uma alma. E, se considerar a comida, a educação e as roupas como sendo sua alma, você será destruído. A alma é diferente e está separada. Para encontrá-la, você deve ir além das amarras da sociedade.

Não estou dizendo que, se vir uma placa na rua lhe dizendo para andar à esquerda, você deva andar à direita. Não, não estou dizendo que deva andar à direita ou no meio da rua. Isso não é liberdade, é apenas tolice. Não estou lhe dizendo para quebrar essas regras. Todos andam sobre dois apoios, mas, para ser independente, você precisa andar sobre quatro – mãos e pés –, fazendo disso uma declaração de sua liberdade. Não, eu não estou dizendo isso.

Não estou me referindo a esse nível. Não estou me referindo ao nível do corpo, ao nível das formalidades sociais. Estou me referindo ao nível do pensamento, que é muito profundo dentro de você. *Lá*, você deve tornar-se livre. Comece a observar esse lugar, acorde sua consciência interna e comece a pensar. Pronto, o pensamento deve nascer em você, e então você terá consciência se o

• Mente independente •

que faz e pensa está certo ou não: "É justo?". Pronto, assim pode escapar da sociedade.

Se você for um hindu e amanhã alguém vier e lhe pedir para colocar fogo em uma mesquita em um ato religioso, esse é o momento de começar a pensar: como colocar fogo em uma mesquita pode ser um ato religioso? Ou, se for maometano e amanhã alguém vier lhe pedir para destruir as estátuas de um templo hindu em um ato religioso, aí está o momento de começar a pensar: "Isto é certo? Isto é justo?". Destruir estátuas pode ser um ato religioso? Isso não tem a ver com andar do outro lado da rua! Se alguma religião lhe diz para começar a brigar e a tratar os outros como seus inimigos, chegou o momento de pensar: a religião pode ensinar o ódio e a violência? Esse é o momento de você se libertar da sociedade.

Se os jovens do mundo puderem se libertar da sociedade nesse sentido, não haverá mais razão para guerras, nem haverá motivos para violência. Assim, você não poderá fazer um indiano brigar com um paquistanês, nem um hindu brigar com um maometano – todas essas coisas parecerão idiotices, tolices, e você perceberá quantas coisas idiotas o homem tem feito por milhares de anos. Você se tornou independente nesse nível.

Alguém lhe diz: "Este livro sagrado é a verdade, creia nele, adore-o e nunca pense em nada que não seja o que está aqui". Aí está o momento em que você deve pensar: É possível que um livro dê ao homem a verdade? Pode-se encontrar a verdade nas palavras e nas páginas de um livro? Se fosse possível, o mundo todo teria encontrado a verdade há muito tempo, pois existem muitos livros sagrados e muitas escrituras. Mas, quanto mais sobrecarregados pelas escrituras os homens estão, menos elas parecem fazer sentido na vida deles.

Assim, você deve pensar se a verdade pode ser encontrada em um livro sagrado ou se você terá que procurá-la por conta própria. Se alguém lhe der um livro e disser que o leia com cuidado, pois encontrará o amor nas coisas que estão escritas lá, você não duvidaria que o amor pode ser encontrado em um livro? Só é possível encontrar o amor quando ele surge em seu coração. Da mesma forma, só é possível encontrar a verdade quando ela surge em seu coração.

◆ Fé e crenças que impedem a liberdade ◆

Você deve pensar em todos esses níveis. Se alguém colocar uma estátua na sua frente e lhe disser que ela é Deus e que deve ser adorada, você precisa pensar. Pode ser que alguém esteja adorando uma árvore, pode ser que alguém esteja adorando uma estátua em um templo, e alguém pode estar adorando um livro, então é essencial que você pense: Todas essas coisas são Deus? Esse tipo de adoração não será simplesmente um ato ignorante? Eu não deveria procurar e encontrar por mim mesmo a fonte da vida? Onde está a fonte da vida do mundo inteiro? Onde ela se esconde? Devo procurá-la ou devo permanecer sentado segurando esta estátua de pedra? É aí que você deve se tornar independente em seu pensamento, na contemplação.

Não estou lhe dizendo para ser independente da sociedade nos quesitos comida e bebida, vestir roupas ou andar pela rua como ditam as regras. Essas são restrições meramente sociais. Essa não é a área da alma. Mas, no nível da mente, no nível do pensamento, sua visão deve estar alerta. Deve estar reflexiva, pensando por si mesma e tomando suas próprias decisões. Sempre que ela reconhecer algo cego em curso, deve saber como impedi-lo, como pará-lo e discordar dele. Mas, sempre que vir algo cheio de sentido e de significado, capaz de elevar a vida a um plano maior, você deve reconhecê-lo e aceitá-lo. E, se houver algo que o leve desnecessariamente ao ódio, à violência, à ignorância e à escuridão, você deve saber discordar disso. Estou pedindo-lhe que seja inteligente para ter esse pensamento independente.

Assim, não estou dizendo para você abandonar suas roupas e seus hábitos alimentares ou para andar em zigue-zague pelas ruas. Isso está no nível da sociedade. A questão não está nesse nível. Nesse nível não existe escravização. Pelo contrário, é só porque você anda à esquerda na rua, e não à direita ou no meio, que é possível que você ande por ela. Não estou lhe dizendo para mudar as regras sociais que regem o dia a dia da vida.

Mas, no que diz respeito à busca pela verdade, pela vida, no que diz respeito a alcançar a alma, aí você terá que pensar. Aí você terá que contemplar e tornar-se independente. Só se tornando independente é que conseguirá encontrar aquilo que não nasce da sociedade – já estava lá muito antes de a sociedade existir – e que não nasce através de seus pais. Não se pode conhecer a alma

◆ Mente independente ◆

através da educação que você recebeu de seus pais ou da sociedade. Para conhecer a alma, você deve buscar e encontrar uma energia totalmente independente.

Espero que tenham entendido minhas ponderações. Muitas perguntas surgiram e vou discuti-las amanhã ou depois de amanhã.

Agora, vamos nos sentar em estado meditativo por um momento. Algumas coisas precisam ser esclarecidas... A meditação é um meio de encontrar a total liberdade da mente. Estamos tão ocupados com coisas externas que não olhamos para o que existe dentro de nós nem prestamos atenção a isso. Não só estamos muito ocupados com coisas externas, mas também estamos muito ocupados e cercados pela influência que elas exercem em nossa mente. Mesmo quando você está sozinho em algum lugar, ainda vai pensar no que a multidão lhe causou. Você vai pensar nos amigos, nos inimigos, em seu trabalho ou em qualquer outra coisa – mas o pensamento e a contemplação continuarão, e você não será capaz de estar sozinho.

Quando todos os pensamentos e contemplações desaparecerem, quando a ansiedade em sua mente se acalmar e sua mente ficar em silêncio, quando esse silêncio for tão intenso que nenhuma onda surgir em sua mente... Quando esse silêncio se manifestar e nem uma única onda de pensamento surgir, este é o estado meditativo.

Mas você dirá: "É tão difícil, tão árduo", pois sua mente não fica em silêncio, ela não fica quieta nem por um segundo. Uma ou outra atividade continua. Um ou outro pensamento, um ou outro problema, uma ou outra lembrança – do passado ou do presente – está continuamente em curso. A todo momento, a atividade continua. O corpo descansa de tempos em tempos, mas não é realmente um descanso. À noite, quando você dorme, os sonhos continuam e, durante o dia, quando está acordado, quem sabe quantas preocupações e pensamentos estão lá?

Então, como a meditação será possível? Muitos de vocês se sentaram contando as contas de um *mala* – e isso em nada ajudou. Muitos de vocês sentaram-se recitando o nome de Deus – e isso em nada ajudou. E muitos de vocês devem ter rezado e cantado mantras – e isso não ajudou em nada. Assim, vocês podem ter começado a achar que é uma coisa extremamente difícil de se fazer. Mas não é. O que acontece é que tudo o que você vem fazendo está errado; é por isso que não está dando certo. Contar as contas de um *mala* não fará sua mente ficar em silêncio porque isso não tem nada a ver com silêncio. Se você cantar "Rama, Rama", sua mente não ficará em silêncio, porque cantar também é um tipo de perturbação, um problema em si. Se ficar repetindo "Cão, cão" ou "Gato, gato" as pessoas vão achar que você enlouqueceu, mas, se ficar repetindo "Rama, Rama", vão achar que você é muito religioso.

É tudo a mesma coisa – não tem diferença. Repetir uma palavra de novo e de novo é somente um sinal de inconsciência; sua mente não ficará em silêncio. Sim, é possível que, se você for teimoso e continuar fazendo isso, sua mente adormeça. Mas existe uma diferença muito grande entre dormir e ficar em silêncio.

Quando uma mãe quer colocar seu bebê para dormir, ela começa a murmurar acalantos, "Nana nenê", ou alguma outra coisa sem sentido. Talvez ela ache que o som é bastante melodioso, e que por isso a criança dorme. Mas é o resultado do tédio e não de uma canção melodiosa. A criança fica entediada. Ouvir a mesma canção de novo e de novo faz com que, depois de um tempo, ela durma. Similarmente, se ficar repetindo "Rama, Rama", sua mente pode ficar cansada e entediada e adormecer.

Não pense que o estado dormente é silêncio. Você pode alcançá-lo através do ópio ou do álcool. Não há diferença entre os dois. Fumar ópio, beber álcool ou tomar calmantes – existem mil e um tipos de tranquilizantes disponíveis para induzi-lo dormir. E existem medicamentos muito antigos e populares desse mesmo tipo.

Se ficar repetindo qualquer palavra de novo e de novo, sua mente ficará cansada e entediada. Sim, se você se levantar antes que o tédio se instale, aí é outra história. Mas, se continuar, sua mente adormecerá. Quando despertar depois desse sono, sentirá uma grande paz. Mas foi apenas um sono criado pela repetição da mesma palavra inúmeras vezes. Não foi silêncio; não houve nada especial. Eu não chamo isso de meditação. Nada disso é meditação.

Então, o que é meditação? Meditação ocorre quando se está totalmente consciente, não quando se está dormente, não quando se está dormindo.

◆ Mente independente ◆

A meditação que vamos fazer agora é um experimento de consciência. Vocês devem se sentar, ficar plenamente conscientes de tudo o que se passa ao seu redor. Uma folha pode balançar, um pássaro pode gorjear, um cachorro pode latir, uma criança pode chorar, alguém pode tossir, outras coisas podem acontecer. Também vai haver muitos outros barulhos ao redor. Enquanto sua mente fica em silêncio, você começará a ouvir sons mais leves também. Você começará a ouvir o gorjeio de uma ave que até agora não conseguiu escutar.

Você está cercado por um mundo de acontecimentos, e deve se sentar e permanecer totalmente consciente deles.

4

As respostas vêm
através da consciência

Meus amados,

Ontem, nós refletimos um pouco sobre o estado não pensante. Homens comuns vivem em estados não pensantes. Um é a escravidão do desejo e o outro é a da fé e da crença. No nível do corpo, o homem é dependente, e também o é no nível da mente. No nível do corpo, não é possível tornar-se independente, mas é possível no nível da mente. Ontem, falei a vocês algumas coisas sobre isso. Hoje, falarei sobre como o homem pode se tornar independente no nível da mente, como o estado pensante pode nascer dentro dele.

Se o pensamento não nascer, o homem não pode ter qualquer experiência na vida, nem qualquer criatividade pode existir. Então, vamos simplesmente viver em vão, e morrer em vão. Nossa vida será um esforço inútil, pois não há pensamento, não há visão; onde não há pensamento, o homem não tem energia para ver ou caminhar por si próprio. Para alguém que não enxerga por si mesmo, não caminha por si mesmo, não vive por si mesmo, será simplesmente impossível ter qualquer experiência que o libere, qualquer experiência que encha seu coração de amor e ilumine seu ser. Para que qualquer coisa aconteça em sua vida, primeiro você deve ter olhos.

O que quero dizer quando digo que no estado pensante você precisa ter olhos é que precisa ter a habilidade de pensar por conta própria. Mas isso não quer dizer uma multidão de pensamentos. Todos temos uma multidão de pensamentos conosco, mas não temos a *capacidade de pensar* dentro de nós. Muitos pensamentos passam por nós, mas o poder de pensar não está desperto em nós.

É surpreendente que, quanto mais pensamentos passam por alguém, menor é sua capacidade de pensar. Se alguém está cheio de pensamentos difusos, pensamentos constantes e uma multidão de pensamentos, sua habilidade de pensar permanece dormente. Só alguém que consegue abandonar a multidão de pensamentos consegue alcançar o poder de pensar. Portanto, se você está constantemente ocupado com pensamentos, isso não significa que seja capaz de pensar. A razão pela qual tantos pensamentos se movem em você é que você é *incapaz* de pensar.

Se um cego quiser sair de um prédio, mil e um pensamentos lhe ocorrem. Como ele deve sair? Por qual porta passar? Como se levantar? A quem chamar? Mas, se alguém com a vista perfeita quiser sair, ele simplesmente se levanta e sai. Por dentro, não lhe vêm pensamentos de como ele deve fazê-lo. Ele consegue ver a porta, então simplesmente se levanta e sai.

A habilidade de pensar é como a habilidade de enxergar. Uma vez que o pensar acontece em sua vida, você começa a enxergar. Mas ter uma multidão de pensamentos não lhe dá a capacidade de enxergar. Pelo contrário, a habilidade de enxergar fica escondida no meio da multidão de pensamentos; está oculta. Então, deixem-me dizer-lhes uma coisa e vocês poderão refletir sobre uma forma de despertar o poder de pensar.

Mas, antes de falar sobre isso, primeiro preciso dizer que toda essa multidão de pensamentos vem de fora de você; eles não são seus. Assim, quando digo que o pensar deve nascer em você, não estou dizendo para ler as escrituras e os livros a fim de acumular muitos pensamentos. O pensar não nasce em você dessa forma. Ser culto não significa alcançar o pensar. Acumular conhecimento, conhecer muitas doutrinas, muitas respostas e muito de filosofia não significa pensar.

Então, o que significa pensar? Pensar significa o despertar de sua consciência no que diz respeito aos problemas da vida, a emergência das soluções para os problemas da vida vindas de sua consciência. Quando a vida o confronta com perguntas,

◆ As respostas vêm através da consciência ◆

você não pode ter respostas emprestadas; suas próprias respostas devem se manifestar.

Todos os dias, a vida cria problemas; mas, em razão de nossas respostas a eles serem emprestadas, nenhum dos problemas de nossa vida fica resolvido. Os problemas são nossos, mas as soluções são dadas pelos outros, então eles nunca estão em sintonia. Todos os dias, a vida cria perguntas; todos os dias, a vida cria problemas, mas temos apenas respostas predefinidas, respostas que nos foram dadas. Vivemos nossa vida de acordo com essas respostas. As soluções falham e por isso os problemas vencem.

Deixem-me contar-lhes uma história, talvez assim vocês entendam quanto são velhas e obsoletas as nossas soluções e por que somos derrotados.

◆

Numa vila, havia dois templos rivais. Todos os templos são contrários entre si. Se houver diferentes locais de apostas ou *pubs* em uma cidade, pode ser que não haja rivalidade entre eles, mas, se forem templos, haverá rivalidade. Não deveria ser assim, mas os templos sempre foram rivais uns dos outros. O dia em que não houver rivalidade entre eles, será possível construir um templo de Deus. Mas, enquanto houver rivalidade, isso não será possível. Até esse dia, o lugar se chamará templo de Deus, as estátuas em seu interior serão de Deus, mas o Diabo estará escondido ali dentro. A rivalidade é uma arma do Diabo.

Então, naquela vila havia rivalidade entre os templos. A rivalidade era tão acirrada que os sacerdotes nem se encaravam. Eram tão contrários um ao outro que os devotos de um templo não pisavam no outro templo. Em suas escrituras estava escrito que era melhor morrer esmagado por uma pata de elefante do que se abrigar no templo rival. Visitar o templo rival era pior do que ser esmagado pela pata de um elefante!

Os sacerdotes de cada um dos templos tinham um menino responsável por cuidar deles e fazer pequenos serviços, como comprar verduras na feira. Como eram garotos pequenos, ainda não haviam sido contaminados pela doença da qual as pessoas mais velhas sofriam. Assim, às vezes, quando se encontravam na rua, eles conversavam.

◆ Mente independente ◆

Os mais velhos sempre querem infectar as crianças com suas doenças o mais cedo possível. Temem que, se não o fizerem, as crianças vão se desviar do caminho.

Assim, os sacerdotes dos dois templos constantemente alertavam os garotos:

— Cuidado, nunca chegue perto do outro templo. Nunca fale com ninguém do outro templo.

Mas crianças são crianças; elas ainda não cresceram e são inocentes. Então, ocasionalmente, os garotos se encontravam.

Um dia, ambos estavam a caminho da feira quando se encontraram. Os templos tinham nome: um se chamava Templo do Sul e o outro, Templo do Norte. O menino do Templo do Norte perguntou:

— Aonde você está indo?

— Aonde meus pés me levarem — respondeu o menino do Templo do Sul.

O garoto do Templo do Norte ficou muito confuso. Como a conversa poderia continuar agora? Quando o outro lhe respondeu que estava indo aonde seus pés o levassem, a conversa empacou.

Ele retornou e falou ao sacerdote de seu templo:

— Hoje fui derrotado pelo garoto do outro templo. Eu lhe perguntei aonde ele estava indo e ele respondeu que estava indo aonde seus pés o levassem. Então eu não consegui pensar em mais nada para dizer.

— Isso é muito ruim — o padre disse. — Ser derrotado pelo garoto do outro templo é humilhante. Amanhã, vá preparado. Faça a mesma pergunta e, se ele lhe der a mesma resposta, rebata com: "E se você não tivesse pés, iria a algum lugar ou não?". Assim, ele ficará encurralado. Assim, ele não saberá o que dizer.

No dia seguinte, eles se encontraram de novo. O garoto do Templo do Norte perguntou ao outro:

— Aonde você está indo?

Mas a resposta havia mudado. O garoto respondeu:

— Aonde os ventos me levarem.

Agora o primeiro garoto tinha um problema. Embora tivesse uma resposta pronta, como poderia dá-la? Então voltou ao templo mais uma vez e disse ao sacerdote:

◆ As respostas vêm através da consciência ◆

— Eu tive um grande problema. Aquele garoto é muito desonesto. Ele mudou a resposta.

O sacerdote respondeu:

— Isso é muito ruim. Amanhã, faça a mesma pergunta e se ele responder: "Aonde os ventos me levarem", rebata com: "E se não houvesse vento, aonde você iria nessa vida?".

O menino foi à feira e, no caminho, os dois se encontraram. Ele perguntou ao outro:

— Aonde você vai?

Mas aquele garoto mudou sua resposta de novo e disse:

— Eu vou à feira comprar verduras.

O garoto retornou ao templo e disse ao padre:

— Isso é tão difícil! Aquele garoto fica trocando as respostas. Hoje ele disse que estava indo à feira comprar verduras. Fui derrotado novamente.

◆

A vida também muda todos os dias. As respostas de ontem são inúteis hoje, e todos nós temos apenas as respostas de ontem. Temos respostas que aprendemos dos outros, respostas que nos foram ensinadas, respostas que estão nas escrituras, nas doutrinas e no inconsciente por milhares de anos. Diariamente, confrontamos a vida com as mesmas respostas. Mas a vida muda todos os dias. E então nós a culpamos dizendo que ela é desonesta e inconsistente, mas não culpamos nossa inconsciência por nossa inconsciência.

O sofrimento não é causado pela inconsistência da vida. O sofrimento está em nossa inconsciência: é por isso que nunca estamos em sincronia com a vida. Onde existe vida, existe vivacidade; onde existe vida, existe movimento; onde existe vida, existe transformação e mudança. Existe uma revolução a todo momento; a todo momento tudo é novo.

Onde há morte, não há inconsciência; onde há morte, não há mudança; onde há morte, não existe nenhum tipo de revolução. Tudo está em estado de espera, aguardando, fechado. A vida é aberta, liberada. Não se zangue com a inconsistência dela, prefira olhar para a sua inconsciência. Não se preocupe com as constantes mudanças da vida; preocupe-se com a sua mente imutável.

◆ Mente independente ◆

Não é surpresa nenhuma que, quando sua mente se apega às soluções e escrituras, ela seja incapaz de experimentar ou conhecer a vida. A vida segue seu fluxo, mas a mente não consegue acompanhar o ritmo dela; ela sempre fica para trás. Estamos sempre um passo atrás, então a vida começa a parecer um sofrimento e um fardo, começa a transformar-se num fracasso. O estado pensante significa que sua mente deve começar a se mover no mesmo ritmo que sua vida.

Mas você deve ter ouvido que o movimento de sua mente não é uma coisa boa. Você deve ter ouvido que a inconsistência da mente é algo muito ruim. Você deve ter ouvido que essa inconsistência é a fonte do problema. Você deve ter ouvido que é preciso interromper a inconsistência da mente, trazê-la para um estado de paralisação, acabar com o seu movimento – quanto mais depressa a mente for parada, melhor.

Gostaria de dizer que a inconsistência da mente é algo significativo. Sua inconsistência deve ser tão intensa, seu movimento deve ser tão intenso, de modo que ela consiga manter o mesmo ritmo da movimentação da vida. Ela não deve ficar atrás da vida. Quanto mais a mente se mover, mais poderosa ela será. Assim, a mente não precisa ser lenta. Você não deve tentar entediá-la contando as contas do *mala* ou cantando "Rama, Rama". Não é preciso pausá-la. Uma mente em pausa não consegue ser criativa.

As sociedades que quiseram e tentaram entediar a mente foram infelizes. Elas não conseguiram gerar ciência nem inventar ou descobrir nada. Por milhares de anos, tais sociedades viveram sob o peso de não serem capazes de inventar ou criar algo. Como poderiam? Não tem jeito. Se matarmos o movimento da mente, alcançaremos uma forma de inconsciência. Mas a vida não foi feita para ser inconsciente, entorpecida; foi feita para ser extremamente consciente. Sua mente deve ter movimento, sua mente não pode se ater a soluções sem vida. Pelo contrário, ela deve ser capaz de acompanhar o ritmo dos problemas da vida.

Pensar significa manter a mente em movimento. Pensar significa: se existe um problema, você não deve tentar encontrar a solução em sua memória, pois ela será velha e arcaica. Se eu lhe perguntar se Deus existe e você tentar encontrar a resposta em sua memória – "Sim, eu li na Gita que existe um Deus"; ou "Eu li

◆ As respostas vêm através da consciência ◆

no Alcorão"; ou "Eu ouvi de alguém"; ou "Meu pai e meu avô costumavam dizer que Deus existe" –, essas respostas virão da memória. No entanto, elas não terão vida; serão arcaicas, emprestadas de outros.

Quando a vida criar um problema, coloque as respostas de lado e não deixe que sua memória o conduza. Peça licença à sua memória. E, uma vez que sua memória ficar em silêncio, sua consciência terá que encontrar suas próprias respostas.

É possível que ela não encontre nenhuma resposta. É possível que nenhuma resposta venha à tona, mas isso também será muito significativo. Se a questão permanecer e nenhuma resposta surgir de sua consciência, então sua consciência despertará. Ela vai despertar para encontrar a resposta. Na busca pela resposta, as camadas da consciência se abrirão e a consciência despertará. Não se preocupe se a resposta não vier. Se você aceitar a resposta que vier imediatamente de sua memória, não haverá motivo para que sua consciência desperte, e ela não despertará. A memória fará o que a consciência deveria estar fazendo; não será necessário que ela desperte.

O pensamento nasce quando você deixa que a consciência faça o seu trabalho e não aceita nenhuma resposta que venha da memória. Toda vez que existe um problema, pedimos à memória que nos dê uma solução; simplesmente extraímos as respostas da memória. Nosso sistema educacional, as escrituras religiosas e os sacerdotes também nos ensinam a mesma coisa: deixem a memória trabalhar. Eles também ensinam a aceitar respostas prontas. Mas isso é mortal para você; é mortal para qualquer pessoa. As respostas da memória são mecânicas. Uma vez que elas não vêm da consciência, não o ajudam a crescer ou evoluir. Pelo contrário, elas o aniquilam, tornam-no demente. Certamente você já ouviu dizer que, atualmente, existem computadores que podem ser alimentados com qualquer tipo de resposta. Muito em breve, o homem não precisará lembrar-se de mais nada. Tudo poderá ser repassado aos computadores e, então, as respostas serão extraídas deles.

Sua memória também é uma máquina. Talvez você se surpreenda ao saber que, logo mais, será possível transferir a memória de uma pessoa para outra. Já houve experimentos bem-sucedidos nessa área. As memórias de uma pessoa podem ser transferidas para outra porque a memória é apenas uma máquina. Memória é uma mudança química interna. Se alguém conseguir remover todos os tecidos cerebrais nos quais a memória é armazenada e colocá-los no cérebro de outra pessoa, então, sem que ela tenha estudado nada, todo o conhecimento estará disponível para ela. Recentemente, cientistas tiveram sucesso em experimentos iniciais a esse respeito. As experiências de uma pessoa podem ser transferidas para outra sem que a última precise vivenciá-las. A memória de alguém, com todas as suas transformações químicas, pode ser transferidas para o cérebro de outra pessoa.

A memória é extremamente mecânica; não é conhecimento, nem experiência própria; é um depósito, tal qual um cofre onde depositamos dinheiro. Se você pegar esse cofre e o entregar a uma pessoa pobre, ela ficará rica. Os pensamentos estão depositados em sua memória de forma similar. Ainda não era possível que nós transferíssemos memórias, mas agora é. Muito em breve será fácil transferir todas as memórias de uma pessoa para outra. E, assim, a morte de alguém culto não será problema: quando ele morrer, poderemos transferir todas as suas memórias às crianças. Então, o conhecimento não será mais algo sagrado; será vendido no mercado. Hoje, já está sendo feito isso. Hoje, já não é tão valorizado. Você pode repetir e memorizar algumas coisas, mas as máquinas já podem fazer esse trabalho de repetição.

A memória é um processo mecânico no cérebro. Ela não gera conhecimento, nenhum pensamento surge dela. Ao contrário, a memória não permite que o pensamento seja gerado. Quando surge uma oportunidade de pensar, sua memória simplesmente lhe dá a resposta – o pensamento não pode surgir. Sempre que a vida lhe traz um problema, a memória dá a resposta e a consciência apenas permanece em silêncio. Deveria ser o contrário. Quando a vida lhe trouxesse um problema, a memória deveria permanecer em silêncio e a consciência deveria encontrar as respostas.

Portanto, para começar a pensar, para fazer os pensamentos fluírem, você deve compreender esse primeiro passo: treine sua memória para que ela fique em silêncio; ensine sua memória a

◆ As respostas vêm através da consciência ◆

aquietar-se e diga a ela para não lhe trazer as respostas para todos os problemas. Não estou lhe dizendo que deixe a consciência lhe dar as respostas para as pequenas coisas – por exemplo, onde você mora, como se chama. Não estou dizendo que deixe sua memória em silêncio quando estiver voltando de algum lugar e, assim, tenha que parar no meio da rua se perguntando onde fica sua casa. A memória com certeza é útil em alguns casos. A memória é útil para questões materiais, questões mundanas, ou se você quiser estudar engenharia ou medicina. Mas, para questões relacionadas ao autoconhecimento, a memória pode ser fatal.

A memória tem sua utilidade. Todas as máquinas têm sua utilidade, a memória também. No nível comum da mente, a memória é útil. Se ela não existisse, seria impossível viver. Mas, se deixarmos as questões superficiais de lado, em um nível mais profundo da vida, a memória não tem utilidade alguma. Ali, as respostas dadas pela memória provam-se mentiras absolutas. Ali, a memória – tudo o que você aprendeu, tudo o que ouvimos dos outros – deve permanecer em silêncio. Assim, podemos procurar pelas respostas de modo autônomo, iniciar a busca, encarar o desconhecido e familiarizar-nos com ele.

Para que o pensamento surja, para se conhecer a verdade desconhecida, a vida desconhecida, a alma desconhecida, Deus, é essencial que a memória fique em silêncio. Quando você se deparar com grandes problemas da vida e sua memória começar a falar, peça-lhe para ficar em silêncio. A memória não pode ser um obstáculo. Diga adeus a ela para que a consciência possa começar a explorar.

O primeiro passo para o nascimento do pensar é ensinar sua memória a permanecer em silêncio. Constantemente, a memória fica falando e, porque ela é útil nas pequenas questões da vida, cria-se a ilusão de que será útil nas questões mais profundas também – mas nessas ela não oferece nenhuma ajuda. Assim que o conceito de silenciar a memória ficar claro para você, todas as escrituras, doutrinas, também serão silenciadas, pois elas só existem na memória. Imediatamente, todos os *tirthankaras* e todos os avatares ficarão em silêncio. Assim, todo o conhecimento ficará em silêncio; ele também existe apenas na memória. Você partirá nessa busca sozinho, sua consciência partirá nessa busca sozinha.

Quando você se depara com a questão de partir para uma busca, quando existe uma inspiração intensa para explorar, quando não há nenhuma outra saída, só nesse momento essa busca começa. Apenas sob pressão essa busca pode começar – seu ser espera por isso.

Se permitirmos a outras pessoas que façam nosso trabalho, pouco a pouco nosso ser torna-se entorpecido e dormente. Se todo o trabalho for feito por outros, nosso ser adormecerá completamente. No nível do corpo é bom que outros façam nosso trabalho, mas, no nível da alma, é fatal.

◆

Confúcio escreveu que certa vez foi a uma vila – esse incidente ocorreu há mais de dois mil anos – e viu um velho puxando água de um poço com um balde amarrado a uma corda. Tanto o velho quanto seu filho estavam amarrados a bambus – embora, geralmente, naquele tempo, um boi seria amarrado para puxar água do poço. Confúcio pensou que talvez aquelas pessoas não soubessem que o trabalho que faziam podia ser feito por cavalos ou bois.

Ele disse ao velho:

— Amigo, você sabia que, hoje em dia, em grandes centros e cidades, as pessoas começaram a usar cavalos e bois para fazer esse tipo de serviço?

O velho respondeu:

— Por favor, fale baixo, não deixe meu filho ouvir isso. Volte mais tarde.

Confúcio ficou espantado. Por que o velho lhe havia dito aquilo?

Depois de um tempo, ele voltou e então o velho lhe disse:

— Agora me diga o que você queria dizer. Eu também ouvi que, hoje em dia, as pessoas começaram a usar cavalos e bois para fazer esse tipo de serviço, mas tenho medo de que, se meu filho souber disso, ele também comece a usar cavalos e bois para fazer seu trabalho. E essa não é a solução do problema. Se deixarmos outros fazerem o nosso trabalho, nossa energia diminui. Hoje meu filho é forte como um cavalo. Mas, se amanhã os

◆ As respostas vêm através da consciência ◆

cavalos começarem a fazer o seu trabalho, ele vai perder sua força e energia.

Certamente, o processo não acabará aí. Em breve, começaremos a empregar pessoas para fazer todo tipo de trabalho. Então, virá um dia em que todo o trabalho será feito por máquinas. E o que caberá ao homem?

Então, o velho disse a Confúcio:

— É melhor você ir embora e guardar sua invenção para si próprio. Não a traga para a vila.

Depois disso, Confúcio falou aos seus discípulos:

— Aquele velho me ensinou uma coisa incrível. Provável e infelizmente, um dia ou outro, nós *faremos* outras pessoas assumirem nosso trabalho. E então a vida será muito difícil.

◆

Camus escreveu em um de seus livros que ele podia imaginar um tempo em que as pessoas iriam pedir a seus empregados que fizessem amor em seu lugar. Soa assustador. Camus disse: "Um dia desses, o homem vai pensar: 'Por que eu deveria ter o trabalho de fazer amor? Por que não pedir aos empregados que o façam? Ou, se alguma máquina for inventada, eu poderia usá-la também'". Parece surpreendente para nós. Não conseguimos imaginar que um dia vamos pedir às máquinas que façam o papel de amantes.

No que diz respeito ao conhecimento, deixamo-lo a cargo das máquinas. A memória é uma máquina e, por termos deixado o conhecimento aos seus cuidados, nossa consciência não desperta. Para que nossa consciência desperte, todo o peso, a dor e as alfinetadas dos problemas da vida devem alcançar nossa consciência, penetrar nossa consciência. Assim, ela será perturbada e começará a emergir, começará a despertar. Só quando a vida nos fere é que algo desperta em nós. Só quando a vida nos desafia é que a energia surge e nos dá a resposta.

Não funcione através da memória. Quando se trata dos problemas mais profundos da vida, quando se trata de conhecer a verdade, o divino, a alma, diga a sua memória para ficar em silêncio. Só assim o pensamento nascerá.

Através do pensamento você não vai necessariamente encontrar a resposta. Existem muitas respostas para a quais não há palavras, que só podem ser encontradas no silêncio. Se você perguntar, é possível que sua consciência permaneça em silêncio. Mas até na quietude, até nesse silêncio, uma solução que transformará seu ser começará a surgir. Não é que, depois disso, você começará a responder as perguntas de outras pessoas – o que acontecerá é que *você* passará a ter uma vida completamente diferente depois disso. A resposta, a solução, será a transformação do seu ser.

A resposta não virá através de palavras. Você pode perguntar e sua consciência ficará em silêncio: você não vai encontrar nenhuma resposta ali. Talvez você pergunte: "Deus existe?", mas nenhuma resposta virá em forma de sim ou não. Não será assim. Uma resposta que venha através de um "Sim" será apenas memória criada pelos teístas; uma resposta que venha de um "Não" será apenas memória criada pelos ateus. Mesmo que você não utilize sua memória em nenhum momento – só sua consciência tentando buscar a resposta –, é possível que nada apareça. Meu entendimento é que nenhuma resposta verbal surgirá.

Mas nesse silêncio, nesse estado sem resposta, seu ser começa a encontrar uma solução. Embora a solução não venha em forma de palavras, desse dia em diante, sua vida começa a tomar um rumo totalmente diferente. Então, se alguém lhe perguntar: "Deus existe?", você não será capaz de responder sim ou não, mas poderá mostrar através de sua vida. "Olhe para a minha vida, talvez você descubra", pois nessa vida haverá o divino.

Talvez você responda: "Olhe nos meus olhos, neles você talvez encontre a resposta". Ou pode responder: "Escute as batidas do meu coração e talvez encontre a resposta nelas". Uma solução alcançada através do silêncio vai envolver toda a sua vida. A existência ou não de Deus não é uma questão de resposta verbal ou intelectual; é apenas uma oração emergindo através de toda a sua vida. Não é uma questão de palavras. É uma oração, uma fragrância, música que surge em sua vida.

◆

Uma vez, um homem foi até Buda e lhe fez algumas perguntas. Buda lhe respondeu:

— Se você quiser encontrar respostas para as suas perguntas, vá a outro lugar. Eu não dou respostas, dou apenas soluções.

As respostas vêm através da consciência

O homem ficou confuso. Ele perguntou:

— Existe diferença entre solução e resposta?

— Existe uma grande diferença — Buda disse. — Respostas são intelectuais, verbais. Mas soluções não são intelectuais. Elas são espirituais, vêm de dentro. Respostas estão em palavras, soluções estão na meditação. Posso lhe dar respostas, mas soluções vêm de dentro. Assim, certamente sou capaz de lhe dar respostas, mas, para encontrar soluções, você precisará esperar. Respostas podem ser dadas na hora, mas soluções podem levar anos, até uma vida inteira, ou muitas vidas. Se você tiver essa paciência, espere.

— Estou cansado de tentar encontrar respostas — disse o homem. — Tenho procurado pelos últimos trinta anos, e todos aqueles que encontro sempre me dão uma resposta. Tenho respostas, mas as perguntas permanecem; elas não desaparecem. Então estou pronto para esperar, vou esperar pacientemente.

Buda disse:

— Fique aqui. Daqui a um ano, neste mesmo dia, faça-me as perguntas novamente.

Ele ficou. Durante aquele ano, foi apresentado às práticas de meditação, aprendeu a permanecer em silêncio.

Sabemos como ficar em silêncio por fora, mas é muito difícil ficar em silêncio por dentro; não é nada fácil. Alguém que aprenda a ficar em silêncio por dentro conhece tudo o que existe. Não existe melhor maneira de se conhecer a verdade ou o divino do que ficar em silêncio por dentro. Mas o que vemos acontecer é que aqueles que tentam conhecer a Deus simplesmente se enchem da Gita, do Alcorão ou da Bíblia. Como podem ficar em silêncio? Todas as manhãs, leem as escrituras e memorizam suas palavras. E, no dia em que sabem a Gita de cor, regozijam-se com o sentimento de sabedoria. Eles simplesmente se preencheram. Mas apenas aqueles que se esvaziam é que têm o conhecimento.

Por um ano, Buda ensinou-lhe a ciência de esvaziar-se por dentro.

— Esteja profundamente vazio por dentro, diga adeus a tudo que existe dentro de você. O dia em que seu espaço interno estiver vazio, será o dia em que a solução vai aparecer.

◆ Mente independente ◆

Um ano se passou, então Buda lhe disse:

— Agora você pode perguntar.

Mas o homem começou a rir. Ele disse:

— Enquanto eu me tornava mais e mais vazio por dentro, minhas perguntas sumiram. Aquelas perguntas também me preenchiam por dentro. Agora não tenho mais nenhuma.

— Conseguiu alguma resposta? — perguntou Buda.

Ele respondeu:

— Não consegui nenhum tipo de resposta, mas agora não preciso de respostas. Alcancei a solução que estava procurando. Minha vida inteira se transformou.

◆

A realização está na transformação da vida e não na obtenção de uma resposta. Pensar não vai trazer-lhe uma resposta, mas trará a transformação para sua vida. Portanto, o primeiro passo é dizer adeus à memória, silenciar a memória e dizer a ela para esperar.

O segundo passo é: viva pacientemente com a pergunta. Aqueles que tiverem pressa em encontrar a resposta vão se tornar dependentes da memória. Se você quiser uma resposta pronta, a memória lhe dará uma resposta instantânea, mas este preceito recomenda esperar pacientemente. Se nenhuma resposta vier, espere. Apenas faça a pergunta e fique em silêncio; não aceite a resposta de outra pessoa. Apenas faça a pergunta e fique em silêncio. Experimente fazer isso.

Tente fazer o experimento. Pergunte-se: "O que é o amor?", e fique em silêncio. Se alguma resposta vier de livros ou escrituras, ignore-a; não deixe que ela fique entre você e a pergunta. Pergunte-se: "O que é o amor?", e fique em silêncio, espere. A resposta para o que é o amor não virá em palavras, mas, pouco a pouco, você descobrirá que a pergunta – "O que é o amor?" – começou a perfurar o seu ser. Pouco a pouco, descobrirá que o amor começou a chegar à sua vida. Não dê nenhuma resposta e sua vida vai preencher-se de amor.

Pergunte-se: "Quem sou eu?", mas não responda "Eu sou alma", ou "Eu sou isso", ou "Eu sou aquilo". Você aprende tais respostas em todo lugar: "Você é pura alma desperta", "Você é

♦ As respostas vêm através da consciência ♦

sabedoria infinita", "Você é isso ou aquilo". Não, não responda nada disso. Pergunte-se: "Quem sou eu?", e fique em silêncio. Antes de se deitar para dormir, pergunte-se: "Quem sou eu?". Ao acordar, novamente pergunte-se: "Quem sou eu?". E não use nenhuma daquelas respostas que você ouviu dos outros. Fique em silêncio e deixe que a pergunta "Quem sou eu?" seja absorvida pela sua vida. Dormindo, acordado, no trabalho, sempre que se lembrar, pergunte-se: "Quem sou eu?". E fique em silêncio, não responda nada, não dê nenhuma resposta de seu lado. E pouco a pouco a pergunta vai se desprender e você alcançará a resposta dentro dela. Nenhuma palavra será formada, mas você saberá quem está lá.

Uma pessoa que dá as respostas está errada. Alguém que tem uma pergunta silencia a memória – impedindo-a de dar a resposta – e depois espera pacientemente sem encontrar tal resposta. Um dia, esse alguém encontrará a solução. É isso que quero dizer quando me refiro ao pensamento. Por pensamento eu quero dizer que você se faça a pergunta profundamente e espere com paciência.

Paciência é algo maravilhoso. Uma pessoa planta uma semente e depois espera pacientemente que essa semente brote. Um dia, a semente brotará, as folhas virão, as flores se abrirão e a árvore dará frutos. É uma longa espera. Se você não quiser esperar até que as flores se abram, pode comprar flores de plástico no mercado. Você pode encontrá-las rapidamente; não é preciso esperar muito para obter essas flores. Do mesmo modo, alguém que realmente deseja sair à procura da vida deve apenas plantar a semente da pergunta e ficar em silêncio. Ele não deve se apressar para encontrar a resposta. Se encontrar a resposta muito rápido, ela será emprestada, obsoleta, pertencente a outra pessoa. Será a resposta que está no mercado, uma flor de plástico. Essa resposta não terá nenhuma vida, não estará viva.

Apenas plante a semente da pergunta e não se incomode com a resposta. Espere em silêncio. Plante a semente da pergunta e espere pela resposta, pela solução. Dessa pergunta sairá um botão. Dessa semente, que parece sem vida, parece absolutamente morta, brota um vivo botão. A semente se abre, apodrece, mas transforma-se em botão. E nesse botão a vida cresce e traz adiante as flores.

♦ Mente independente ♦

A resposta, que a princípio você não é capaz de ver, está contida na pergunta. Deixe a pergunta se afundar no solo de seu coração, não se apresse. Deixe essa pergunta ficar em você, deixe-a desfazer-se em seu coração, deixe-a desfazer-se e abrir-se. Então, um botão brotará, e haverá uma resposta. Mas você terá que esperar pacientemente. E quanto mais se espera com paciência, mais rápido a semente pode brotar. Ela vai culminar nas flores e frutos da solução e sua vida será preenchida com a fragrância.

É necessário semear dentro de nós mesmos as perguntas mais profundas a respeito de nossa vida. Mas não plantamos as sementes, simplesmente queremos nos livrar das perguntas. E a única forma de nos livrarmos delas é obtendo as respostas dos outros para que possamos nos contentar.

Para aqueles que querem pensar, é a pergunta que importa, não a resposta; mas, para aqueles que querem crer, é a resposta que tem sentido, não a pergunta. Se você quiser acreditar, armazene respostas, mas, se quiser pensar, coloque as respostas de lado e colete as perguntas, os questionamentos, os problemas. Há uma diferença entre as duas atitudes.

Uma pessoa que simplesmente crê coleta as respostas, mas uma pessoa que pensa armazena as perguntas no fundo de si, coloca todo o seu ser naquela pergunta. Uma pessoa que pensa é como um lavrador. Ela planta a semente da pergunta, enquanto uma pessoa que crê preenche o armazém com respostas, não com perguntas. Alguém que acumula respostas torna-se culto, mas alguém que semeia as perguntas alcança a sabedoria.

Alguém que semeia a pergunta trabalha e espera até que um dia possa colher as flores da sabedoria. Alguém que coleciona crenças, respostas, soluções prontas e doutrinas, colhe a fruta imediatamente e torna-se um especialista. Pergunte-lhe qualquer coisa, e ele começará a dar respostas. Mas, em sua vida, não brilha nenhum raio de conhecimento e nenhuma mudança fundamental acontece. Se você lhe perguntar sobre a verdade, ele poderá lhe dar a resposta – mas não há nenhuma verdade em sua vida. Se você lhe perguntar sobre o amor, ele poderá escrever tratados sobre isso – mas não existe um único traço de amor em sua vida.

◆ As respostas vêm através da consciência ◆

É possível que alguém que plante a semente dentro de si ache difícil falar ou escrever qualquer coisa sobre o amor, pode ser difícil para ele dizer qualquer coisa sobre a verdade – mas o perfume do amor e da verdade começa a invadir a sua vida.

◆

Havia um místico baul em Bengala. Um especialista hindu foi visitá-lo. Os místicos bauls sempre falam de amor. Eles cantam canções de amor, suas orações são sobre o amor, eles vivem no amor e caminham no amor. O especialista hindu foi visitá-lo e lhe perguntou:

— Deus existe?

Ele respondeu:

— Eu não sei, mas o amor existe. E aqueles que conhecerem o amor um dia também conhecerão o divino.

O especialista hindu lhe perguntou:

— Que amor? Qual amor? Você sabe quantos tipos de amor existem?

O místico baul ficou perplexo.

— Eu certamente experimentei o amor, mas não sei nada sobre seus tipos. Como pode haver tipos diferentes de amor?

O especialista hindu começou a rir – um culto sempre ri daqueles que sabem – e disse:

— Você não sabia? *Existem* vários tipos de amor. Existem cinco tipos de amor. Então, através de qual tipo de amor você pode encontrar o divino?

O místico baul simplesmente ficou calado. O especialista tirou um livro da bolsa, abriu-o e disse:

— Minha escritura descreve cinco tipos de amor. — E leu em voz alta as sutis definições de cada tipo de amor. Depois de ler todas, ele perguntou ao místico baul: — Então, o que você descobriu? O que sentiu? O que você achou dessas análises sobre o amor? São tipos diferentes de amor? Está certo ou errado? O que você sentiu ao ouvi-las?

Vocês ficarão surpresos ao descobrir o que o místico disse. Ele começou a dançar e a cantar uma música. A canção tinha um significado único. Ela dizia: "Você me pergunta como me senti. Quando você começou a descrever diferentes tipos de amor, sabe o que eu senti? Eu senti como se um ourives tivesse vindo a um campo de flores trazendo a pedra que ele usa para testar o ouro. Eu senti como se ele estivesse esfregando todas as flores contra a pedra para saber se elas eram reais ou falsas".

O místico baul disse ao especialista:

— Desde que conheci o amor, todos os tipos de amor desapareceram. Quando experimentei o amor, todas as distinções sumiram. Quando experimentei o amor, eu não fui o mesmo, nem o objeto de meu amor permaneceu igual. Quando experimentei o amor, só o amor prevaleceu. Não houve tipos diferentes de amor, nem distinções ou dualidades, nenhum amante e nenhum amado – somente o amor. Só aqueles que não conheceram ou experimentaram o amor, aqueles que apenas leram as escrituras pensam que existem diferentes tipos de amor.

◆

Na busca pela vida, existem dois caminhos: um é o caminho do culto e o outro é o caminho do sábio. Alguém que escolhe o caminho do culto se perde para sempre, pois não conhece nada além de palavras. Alguém que escolhe o caminho dos sábios pouco a pouco faz com que as palavras desapareçam. No fim, ele não tem nada exceto a experiência do silêncio.

Uma pessoa que acumula pensamentos vai se tornar um culto. Uma pessoa que faz nascer o pensamento – faz nascer a habilidade de pensar, fazer perguntas e desafiar a consciência e, então, esperar pela resposta – terá sabedoria em sua vida. Não é através dos pensamentos que você alcança a sabedoria, é através do pensar. Não é colecionando pensamentos, é fazendo nascer o pensar. Todos cometemos o erro de colecionar pensamentos e imaginar que alcançamos o pensar. Não, não é assim que se alcança o pensar, não é assim que se alcança a consciência ou a sabedoria.

Eu lhes falei sobre os dois passos para se alcançar a sabedoria, para se alcançar o pensar: primeiro, deixe sua memória em silêncio. Cuidado com a memória, pois ela é perigosa, a memória é extremamente enganosa. Aquele que cai na ilusão da memória desvia-se. Segundo, faça perguntas, mas não se apresse em encontrar as respostas. Plante a semente da pergunta dentro de si, permita que ela fique lá, deixe-a ecoar. Permita que a pergunta se

◆ As respostas vêm através da consciência ◆

intensifique lá pelo maior tempo possível. Deixe que ela se mova em sua mente, deixe que ela tenha o próprio tempo e não se apresse com a resposta.

Não aceite nenhuma resposta emprestada. Se as respostas vierem, rejeite-as. Chegará um momento em que não haverá mais resposta; restará apenas a pergunta. A pergunta deve perfurar o seu ser como uma flecha. Espere e assista, assista pacientemente. Um dia, de dentro daquela pergunta, nascerá a resposta.

A mesma alma que fez a pergunta é capaz de dar a resposta. Mas, se começarmos a aceitar as respostas alheias, não haverá motivo para que a alma dê a resposta. A mesma alma que gerou a busca, que gerou o problema, é capaz de encontrar a solução. Lembre-se: se existe um problema, existe também uma solução. Se existe uma pergunta, se existe uma busca, existe uma resposta também. Então, permita que o centro do mesmo ser que gerou essa busca encontre a solução para ela. Não se apresse e não aceite nenhuma solução emprestada de algum lugar. Essa solução emprestada se torna um obstáculo à chegada da solução real.

Eu lhes falei sobre esses dois passos para dar à luz o pensar. Se você evitar o estado não pensante, evitar crenças, prevenir que a memória lhe dê respostas e tentar constantemente acordar o pensar, um dia, com certeza, ele nascerá em você – e sua vida inteira será transformada. Experimentando esse momento, você descobrirá que todas as crenças, doutrinas, verdades e escrituras, passaram a ser – num sentido muito profundo – bastante claras para você, tornaram-se evidentes.

Alguém que segue seus próprios pensamentos um dia alcança a confiança, a verdadeira fé e uma experiência que não deixa espaço para dúvidas. Alcançou isso por si só, conheceu pessoalmente. Apenas a verdade que encontramos por mérito próprio é inquestionável. Uma verdade que foi encontrada por outra pessoa, não importa quem seja, não importa o quão grande seja – mesmo que seja Deus em pessoa –, não pode ser inquestionável para você ou para mim. É por isso que o acreditar está escondido por trás de todas as chamadas crenças, é por isso que, por trás de todas essas crenças, existe dúvida e suspeita. Nós as escondemos, mas elas estão sempre presentes.

◆ Mente independente ◆

Você pode acreditar na existência de Deus. Mas, se procurar um pouquinho dentro de si, vai encontrar mais de um pensamento de dúvida sobre se Ele existe. Você pode acreditar que existe alma, mas dentro de você, escondida, existe uma semente que diz: "Quem sabe se a alma existe ou não?". Quanto mais certeza você tiver na existência de Deus e da alma, mais dúvidas terá sobre isso. Do contrário, contra o que você estaria criando toda essa certeza? Ela existe contra a dúvida. Você está simplesmente criando a certeza contra a dúvida que existe dentro de você. Você acredita tão intensamente que se esquece da dúvida presente dentro de si. Ela está presente dentro de você; não pode desaparecer. Ela pode ficar escondida, mas é real. Toda essa certeza e essa fé são falsas. Todas essas crenças foram impostas a você. Apenas a dúvida é real.

Portanto, ontem eu lhes disse para permitirem que a dúvida venha à tona. Não sejam vítimas de crenças falsas. Se desejam alcançar o estado autêntico de fé e verdade um dia, deixem que a dúvida real se manifeste, permitam que ela pergunte, deixem que a pergunta surja e acolham o problema que ela traz. E, quando os problemas vierem, não encontrem a resposta imediatamente.

Um dia, a resposta virá. Se vocês esperarem, um dia a solução chegará. Ela vai transformar todo o seu ser, toda a sua vida. Só a solução que transforma sua vida inteira é real. E nenhuma solução jamais surgiu, não pode surgir, exceto através dos pensamentos próprios de alguém.

Hoje eu lhes contei algumas coisas sobre o estado pensante. Amanhã falarei sobre o estado sem pensamentos. Estou lhes explicando como, através desses três passos – o estado não pensante, o estado pensante e o estado sem pensamentos – pode-se encontrar a verdade da vida.

Sou grato por terem me ouvido hoje com tanto amor e silêncio.

5

O estado pensante:

seu centro, seu ser, sua alma

Pela manhã, eu falei a vocês sobre o estado pensante.

◆

Alguém perguntou:

> Osho,
> Quando um pensamento, vindo de uma pessoa ou de uma escritura, é assimilado, ele se torna um pensamento próprio...

Diz-se geralmente que, quando você assimila um pensamento, ele se torna seu. Mas o que você quer dizer com assimilação do pensamento? Um pensamento pode ser assimilado? Do meu ponto de vista, um pensamento não pode ser assimilado. Sim, pode-se ter a ilusão de que se assimilou um pensamento. Se acreditarmos insistentemente em algum pensamento, se pensarmos nele constantemente, se o repetirmos com frequência, podemos criar a ilusão de que esse pensamento entrou em nós.

Por exemplo...

◆

Há alguns dias, um monge errante veio me visitar e disse:

— Eu vejo Deus em todos os lugares: em árvores, animais, pássaros. Para onde olho, só avisto a Deus.

Os devotos que o acompanhavam chegaram primeiro e, em seu louvor, me disseram:

— Aquele que vamos lhe apresentar vê Deus em todos os lugares. Em cada folha, ele vê um lampejo de Deus. Ele vê Deus e Sua imagem em todos os lugares.

Então o monge chegou. Eu lhe perguntei:

— Se você vê Deus em todos os lugares, você alcançou este estado repetindo um pensamento ou o alcançou em um estado sem pensamentos? Você pensa repetidamente que Deus está em todos os lugares? Você se lembra constante e repetidamente que Deus está em todos os lugares, nas flores, nas folhas, nas plantas?

Ele respondeu:

— Por vinte anos, eu tenho praticado. Por muito tempo, mantenho o mesmo pensamento sagrado. Agora, comecei a ver Deus em todos os lugares.

— Faça-me um favor — eu lhe pedi. — Por uma semana, pare de ter esse pensamento; depois desse tempo, volte e diga-me o que aconteceu.

— Isso seria muito difícil — respondeu ele. — Se eu parar de pensar isso, vou parar de ver Deus.

◆

Por vinte anos, ele tem tido esse pensamento: Deus está em todos os lugares. Se parar de pensar nisso por uma semana, Deus desapareceria! Ele havia criado um tipo de ilusão em sua mente, a de que Deus estava em todos os lugares. Não era nada além de um estado imaginário da mente, uma projeção da mente. Foi por ter mantido constantemente um pensamento que ele criou a ilusão de que Deus estava em todos os lugares. Simplesmente um sonho.

É assim que um pensamento é assimilado. Não se trata da experiência de adentrar um pensamento, mas da habilidade do homem de ver dentro de si aquilo que ele imagina existir lá. Se alguém ficar pensando em algo constantemente...

◆

Hoje mesmo, um amigo veio e me perguntou:

— Constantemente eu me pego pensando: "Eu não sou um corpo, eu não sou uma mente, eu sou uma alma". Devo continuar com esse pensamento ou não?

◆ O estado pensante: seu centro, seu ser, sua alma ◆

Eu lhe respondi:

— Nunca faça isso, mesmo que sem querer. Se você ficar repetindo esse pensamento, vai começar a sentir "eu não sou um corpo, não sou uma mente, sou só uma alma", mas esse sentimento seria falso. É apenas uma ilusão criada pela constante repetição do pensamento.

Isso não é experienciar. Isso é auto-hipnose. Se você continuar repetindo um pensamento de novo e de novo, não é difícil ter esse sentimento. E a extensão de onde a auto-hipnose pode chegar é inimaginável.

◆

Quando eu estudava, tinha um professor que era devoto de Krishna. Ele pensava constantemente que deveria ser capaz de ver Krishna em todos os lugares. Eu lhe disse:

— Enquanto você não vir Krishna em todos os lugares, você tem sorte. No dia que você começar a vê-lo em todos os lugares, você estará em um estado de quase loucura, pois isso será uma projeção do seu pensamento. Não será uma experiência.

Ele retrucou:

— Como é possível? A menos que algo realmente exista, você não pode começar a vê-la apenas imaginando que ela está lá. Apenas imaginando, como eu poderia começar a ver Deus ou Krishna em todos os lugares? Só quando Krishna existe é que eu consigo vê-lo.

Eu apenas o ouvi. Não disse nada a ele naquele dia.

A universidade na qual ele ensinava ficava a alguns quilômetros de distância de sua casa. No dia seguinte, fui até lá e encontrei a mulher de seu vizinho. Disse a ela quem era meu professor e lhe falei:

— Amanhã, quando ele sair de casa, diga-lhe que ele parece muito doente. Pergunte se ele não está se sentindo bem ou se tem alguma coisa errada. Quando ele responder, escreva as palavras exatas num pedaço de papel. Não mude uma única palavra.

Seu auxiliar vivia a uma pequena distância dali. Eu lhe pedi a mesma coisa.

— Quando o professor passar por aqui, diga-lhe que ele parece um pouco pálido. Pergunte-lhe qual é o problema. E escreva exatamente o que ele disser, não faça uma única mudança. Tudo que ele disser, escreva.

◆ Mente independente ◆

Eu disse isso a umas dez ou quinze pessoas que moravam no caminho para a universidade. Todas perguntaram:

— O que está havendo?

Eu respondi:

— Estou apenas fazendo um experimento e preciso de sua ajuda.

No dia seguinte, quando o professor saiu de casa, a mulher de seu vizinho lhe disse:

— O que aconteceu? Você parece muito doente hoje.

Ele respondeu:

— Doente? Estou absolutamente bem e saudável. Que doença? Não estou doente de jeito nenhum. Estou muito bem.

Enquanto ele andava pela rua a caminho da universidade, seu assistente disse:

— Você parece muito doente hoje.

O professor respondeu:

— Na verdade, eu me sinto um pouco doente. Não me sinto bem desde ontem à noite.

Ao continuar o caminho, encontrou três ou quatro alunos. Eles também disseram a mesma coisa:

— Hoje, mesmo de costas, pudemos notar que suas pernas parecem estar tremendo. Você não está se sentindo bem?

Ele respondeu:

— Desde ontem à noite tenho me sentido um pouco mal. Não queria vir à universidade hoje, mas pensei...

Ele entrou na universidade e encontrou duas ou três garotas na biblioteca. Elas lhe perguntaram:

— Você parece tão doente hoje. Está com febre?

Ele respondeu:

— Nos últimos dois ou três dias, tenho me sentido mal e, desde ontem à noite, parece que também estou com febre.

Quando saiu da universidade, eu o estava esperando. Eu disse a ele:

— Você parece muito doente.

Ele respondeu:

— Hoje não vou dar aulas. Vim apenas informar ao diretor do departamento que não estou me sentindo bem e que vou para casa.

E ele não caminhou de volta. Chamou uma carruagem e foi nela para casa.

◆ O estado pensante: seu centro, seu ser, sua alma ◆

À noite, todos fomos à sua casa. Ele estava deitado e com febre. Pedi a sua mulher que medisse e sua temperatura: estava na casa dos trinta e nove graus. Eu disse a ele:

— Agora, levante-se! Essa febre não é real.

— O que você quer dizer com isso? — ele perguntou.

Eu respondi:

— Trouxe comigo todas essas pessoas que, hoje de manhã, lhe perguntaram se você estava se sentindo bem.

Ao vê-las, ficou pasmo e levantou-se da cama. Ele disse:

— O que você quer dizer com isso? Não entendo.

— Estou ajudando você a ver Krishna — respondi. — Essa febre que você tem é simplesmente irreal. Levante-se, você não está nem um pouco doente. Neste primeiro pedaço de papel está escrito que você disse estar se sentindo extremamente bem. No segundo pedaço de papel está escrito que você disse que estava se sentindo um pouco mal desde a noite passada. No terceiro, está escrito que você disse que tem se sentido mal nos últimos dois ou três dias e, desde a noite passada, teve febre. Você deu essas respostas pela manhã num intervalo de uma hora e meia a duas horas. E aqui está, deitado na cama com uma febre de trinta e nove graus. O que o termômetro está mostrando é absolutamente falso. É puramente imaginação psicológica e projeção.

◆

Através da imaginação, alguém pode ter febre e até morrer. O que você quiser ver, verá. Sem dúvida, isso não é a assimilação de um pensamento. É um pensamento cobrindo sua mente em densa escuridão. Tudo que vier desse estado é irreal. Você não precisa assimilar um pensamento. Pelo contrário, você tem que se despedir de todos os pensamentos para que os seus próprios pensamentos possam emergir. Não a assimilação do pensamento, mas a emersão do pensar. Não existe engano maior, não existe erro maior do que insistentemente infligir o pensamento, o conceito ou a imaginação de outros em si mesmo.

Com certeza você pode ver Deus. Você pode facilmente ver Krishna, ou Cristo pendurado na cruz, ou Rama segurando um arco e uma flecha, ou pode ver qualquer deus que lhe vier à mente ou à imaginação. Mas esse "ver" não é ver a verdade. É

◆ Mente independente ◆

apenas a extensão da imaginação humana – e a mente humana é muito poderosa.

A mente humana tem um grande poder e pode perceber até algo muito imaginário. As mulheres têm mais desse poder do que os homens, portanto podem ver Deus mais rapidamente. Os poetas têm mais desse poder do que as pessoas comuns, assim, podem ver Deus muito rapidamente. As músicas que os devotos cantaram a Deus, a poesia que escreveram, não é coincidência. São poetas que se desviaram e tornaram-se devotos, mas são basicamente poetas. Sua imaginação é intensa e afiada. Eles se desviaram, e agora sua poesia vai em direção a Deus. Sua imaginação é direcionada a Deus – eles podem vê-Lo, podem falar com Ele e andar segurando a Sua mão. Para eles, não há problema nisso. Mas tudo não passa de um estado patológico da mente; não é, de forma alguma, um estado saudável da mente.

Existem muitas formas de alcançar esse estado doentio da mente, e, se você quiser alcançá-lo, existem algumas formas de fazer isso. Muitos monges e *sannyasins* usam drogas como o ópio e o haxixe para que possam alcançar esse estado doentio da mente, para que possam ver Deus. No mundo todo, *sannyasins* e devotos tiveram vários tipos de intoxicação, em um estado entorpecido e bêbado da mente, cuja intenção é encontrar Deus mais rapidamente. Não se surpreenda com isso. Se você jejuar por um longo período, sua mente ficará confusa e doente. O resultado das mudanças químicas – frouxidão e fraqueza – é o mesmo causado pelas drogas: sua imaginação fica aguçada, e é fácil ter alucinações.

Você já deve ter percebido que, se estiver com febre e sem comer por alguns dias, sua mente começa a imaginar todo tipo de coisa. Começa a voar pelo céu junto com a cama, começa a tocar o céu. Quem sabe o que ela é capaz de ver? Quem sabe quais fantasmas e demônios vêm e ficam à sua volta?

A imaginação de uma mente doente, uma mente enferma e fraca, é mais aguçada e mais intensa. Quanto mais patológica a mente, mais aguçada a imaginação. Há várias maneiras de adoentar a mente. Uma delas é jejuar por longos períodos. Assim, a eficiência da mente começa a esmorecer, a capacidade corporal começa a minguar e, na ausência de comida, alguns elementos

◆ O estado pensante: seu centro, seu ser, sua alma ◆

vitais, essenciais ao corpo, se exaurem. O corpo passa por uma mudança química. Essa mudança é semelhante à que ocorre ao ingerirmos álcool. É a mesma mudança química que acontece quando você usa drogas como mescalina e LSD.

Se não hoje, amanhã, seremos capazes de entender toda a química do corpo humano, a química orgânica do ser humano. Não surpreenderia se provássemos que, fundamentalmente, as mesmas mudanças químicas ocorrem quando se jejua ou quando se usa drogas. Como resultado dessa mudança química, a imaginação do homem fica aguçada, torna-se muito intensa. Com essa imaginação afiada e intensa, você não consegue assimilar nada, não consegue ver nada.

Talvez você não saiba que todos os grandes poetas, romancistas e dramaturgos são propensos a fantasiar: todos eles veem seus personagens.

Todos nós conhecemos Tolstói.

◆

Um dia, Liev Tolstói caiu enquanto subia a escada de uma biblioteca. O degrau era estreito. Naquela época, ele estava escrevendo um romance chamado *Ressurreição*. Uma das personagens femininas do romance estava subindo as escadas com ele, embora, fisicamente, ela não estivesse lá. Tolstói estava conversando com ela. Um homem estava descendo as escadas. Havia espaço suficiente para duas pessoas passarem confortavelmente, mas não para três. Se os três fossem homens, eles teriam dado um jeito de passar. Mas era difícil para dois homens e uma mulher. Pensando que a mulher não deveria ser pressionada de ambos os lados, na tentativa de não a incomodar, Tolstói perdeu o controle, caiu da escada e quebrou a perna.

O homem que estava descendo a escada ficou pasmo. Ele disse:

— Por que você não tentou passar por mim? Havia espaço suficiente para nós dois.

Ele respondeu:

— Como dois? Havia três de nós. Uma das personagens do meu romance estava comigo e, tentando não a incomodar, eu caí.

◆

◆ Mente independente ◆

Isso não é apenas um incidente. Isso aconteceu com todos os poetas, todos os romancistas, e tem acontecido com todas as personagens imaginárias de seus mundos.

◆

Os vizinhos de Alexandre Dumas, o dramaturgo francês, se espantavam frequentemente.

Uma vez, ele mudou de casa em Paris. As pessoas da antiga vizinhança estavam bem acostumadas com ele, mas as pessoas da nova ainda não. Na primeira noite na casa para onde tinha se mudado, ele começou uma luta de espadas com alguém em seu quarto de um jeito que os vizinhos ficaram incomodados. Havia dois tipos de barulho vindos do quarto, mas eles duvidavam que houvesse duas pessoas lá dentro. As espadas atingiam uma e outra ruidosamente. Os vizinhos avisaram a polícia de que alguma coisa estranha estava acontecendo no apartamento do novo inquilino. Nessa noite escura, as portas estavam trancadas e, lá dentro, espadas acertavam pessoas com um barulho alto. Havia também duas vozes muito exaltadas vindo do quarto.

A polícia chegou e invadiu o lugar. Quando viram Alexandre Dumas sozinho com sua espada, ficaram espantados e perguntaram:

— Onde está o outro homem?

Dumas voltou a si e respondeu:

— Que outro homem? Oh, perdão! Era apenas um dos personagens da peça que estou escrevendo na qual há um duelo.

— Mas podíamos ouvir duas vozes vindo aqui de dentro.

Ele respondeu:

— Primeiro eu falo por ele, depois eu falo por mim!

◆

Para Dumas, a outra pessoa era muito real. Se o acaso tivesse levado Dumas a se tornar um devoto, a tomar o caminho da devoção, seria muito fácil para ele avistar Deus. Se Tolstói tivesse se tornado um devoto, assim como a personagem de seu livro estava caminhando a seu lado, também Lorde Krishna, ou Rama, ou outro alguém, poderia ter caminhado a seu lado. Não haveria nenhum problema nisso, tampouco alguma diferença.

◆ O estado pensante: seu centro, seu ser, sua alma ◆

A mente humana é imaginativa. A repetição constante de algum pensamento ou conceito cria auto-hipnose, e aquilo que é imaginado pode se manifestar. Mas, com certeza, isso não é a experiência da verdade. A verdade emerge; ela não pode ser assimilada. Amanhã falarei a vocês sobre como limpar a mente de todos os pensamentos e alcançar o estado sem pensamentos. Apenas isso é meditação; apenas isso é iluminação. Qualquer experiência vinda dessa iluminação é verdadeira.

Enquanto você tiver apenas assimilado um pensamento, ele não pode ser seu. Só quando ele vem de dentro, quando nasce dentro de você, é que ele é seu. E isso só poderá acontecer quando disser adeus a todos os pensamentos assimilados, a todos os conceitos. Somente alguém que ficou em silêncio, vazio de todos os conceitos – que se tornou livre de conceitos e de pensamentos –, alcança o pensamento próprio, sua própria experiência, sua própria verdade.

Portanto, não é para assimilar um pensamento: o pensamento deve emergir de dentro. É o processo de assimilação que tem mantido Deus fora da vida dos homens e destruído a religião. A religião foi reduzida a um mero jogo de imaginação, em vez de uma busca pela verdade.

◆

Hoje, alguém veio e me perguntou:

> *Osho,*
> *Os devotos viram Deus. Se nós não proclamarmos o nome de Deus, como O veremos? Se não visualizarmos uma imagem de Deus, como poderemos vê-Lo?*

É bom não ter visões de Deus, pois não há sentido algum em envolver-se em ilusões ou imaginação. Sim, possivelmente o sonho será muito doce, parecerá muito prazeroso a você. Mas um sonho é apenas um sonho. Imaginação é apenas imaginação, não importa quanta felicidade ela aparente trazer. E qualquer coisa imaginária que o faça feliz é mais perigosa do que algo que o faça infeliz. Por quê? Porque é fácil acordar de uma fantasia que o faz infeliz, mas você não quer acordar de uma fantasia que o faz feliz; você quer adormecer ainda mais.

Abençoados aqueles que têm sonhos desagradáveis, pois eles vão querer acabar com esses sonhos. E desventurados aqueles que têm sonhos extremamente agradáveis, pois eles não querem acordar desses sonhos. Este é um estado venenoso, intoxicante e fatal.

Então, não estou dizendo a vocês para assimilarem nenhum pensamento, conceito ou fantasia; ao contrário, quando você se despede de todos os conceitos, pensamentos, fantasias, o que sobra é a sua consciência. Quando surge uma pergunta dessa consciência, quando sua consciência encara um problema – o problema nu e cru, a pergunta nua e crua –, a resposta, a solução, vai simplesmente surgir do seu próprio ser. Assim, não haverá esforço algum em encontrar a resposta, pois ela não virá da imaginação ou da memória, e sim do seu ser. Essa solução será sua própria experiência; será seu próprio pensamento. Um pensamento não se torna próprio por assimilação. Não pode; de maneira alguma é assim.

◆

Alguém perguntou:

> *Osho,*
> *Você nos pede para pensar, mas o que acontecerá apenas pensando? Quando eu começo a pensar e pensar, simplesmente me afogo em meus pensamentos. Minha conduta não muda, permanece a mesma. Diga-me como mudar de conduta.*

Comumente se diz que o valor do pensar – se houver algum valor nisso – está na conduta de um indivíduo. Isso é uma mentira e uma tolice, pois, no fundo, a conduta não é nada mais do que uma expressão do estado pensante. Quando não existe a semente do pensar, não pode haver uma planta de boa conduta. Sim, é possível que um comportamento falso possa impor-se por fora. Mas falso comportamento não tem nenhum valor, exceto que, através dele, você pode enganar outras pessoas, mas sua própria vida está destruída.

Você perguntou: "O que acontecerá apenas pensando?". Por que você fez essa pergunta? Por que essa pergunta surgiu em você? Posso lhe dizer: até agora, o pensar não havia nascido em você.

◆ O estado pensante: seu centro, seu ser, sua alma ◆

Você se apodera do pensamento dos outros como se fossem seus. Portanto, a questão de criar uma harmonia entre pensamento e conduta veio à tona. Se fosse seu próprio pensamento, seria impossível para sua conduta ser contrária a ele. Se fosse seu próprio pensamento, então a conduta simplesmente o seguiria como uma sombra. Assim como quando um carro de boi passa e as marcas das rodas aparecem, quando o pensamento emerge, linhas e marcas da conduta aparecem também. Você não precisa forçar a boa conduta, ela vem no seu próprio passo.

O estado pensante é o centro, o estado pensante é o ser e a alma, mas não temos nenhum pensamento próprio. Aprendemos apenas pensamentos emprestados. Acumulamos sobras de pensamentos velhos e achamos que eles são nosso tesouro. Mas a boa conduta não surge dessas sobras de pensamentos velhos, daí surge a dificuldade, daí surge a questão de como criar harmonia entre o pensar e a boa conduta.

Isso é a maior tolice. Onde surge a questão da criação de harmonia entre pensamento e boa conduta, saiba que esse pensamento não passa de sobras velhas e obsoletas, é de outrem, não seu. Todos esses pensamentos – você deve falar a verdade, amar, amar seu inimigo como a você mesmo, não trair nem mentir, não cometer adultério, não ter desejos de luxúria – foram emprestados de outros. Sua conduta é totalmente contrária a eles, e então você fica perturbado e triste e pergunta como poderia criar uma harmonia entre pensamentos e conduta. Isso não pode acontecer, porque não existe um jeito de criar essa harmonia.

É fundamental entender que sua conduta é sua, mas seus pensamentos são dos outros. Se você for um ladrão, essa conduta é sua. O pensamento de que não roubar é religioso, de que não roubar denota uma grande virtude é um pensamento dos outros. A conduta é sua, mas o pensamento é de outra pessoa, assim, como pode existir harmonia? O pensamento pode ser de Mahavira, ou de Buda, ou de Cristo, mas a conduta será sua.

A conduta de Mahavira estava em sintonia com seu pensamento; ela o seguia como uma sombra. Você pode ter pegado um pensamento emprestado, mas de onde vai pegar uma conduta emprestada? É claro que pode pegar emprestados os pensamentos de Mahavira, ou de Buda, ou de Cristo, mas não pode pegar a conduta deles. Você pode ter os pensamentos deles de graça, mas não a boa conduta. Os pensamentos são dessas grandes pessoas, mas a conduta é sua.

Então, há uma grande diferença entre as duas coisas e isso gera conflito, grande dor e sofrimento. A todo momento, um grande conflito está em curso dentro de você; você está no inferno sem necessidade. Pode prometer todos os dias, pode jejuar todos os dias, pode ir ao templo todos os dias e fazer promessas, mas nada fará diferença; sua conduta ainda é a mesma. Se os pensamentos são dos outros, como essas ações podem fazer alguma diferença?

Quando se encontra em tal conflito, a primeira decisão que um homem sábio toma é: "Por ora, vou considerar minha conduta como sendo minha real existência; é isto o que sou. Por que deveria aceitar o pensamento de outra pessoa? Por que não fazer essa busca eu mesmo? Por que não pensar por mim? Por que não utilizar a experiência de minha própria vida? Por que não mergulhar silenciosamente dentro de mim mesmo para ver o que existe lá?".

Você já mergulhou dentro de si? Já olhou para cada uma das camadas que compõem a sua vida? Já tentou olhar para dentro e descobrir por que a raiva não pode trazer contentamento? Não, apenas dirá que a raiva é uma coisa ruim. Mas está só repetindo palavras alheias. O dia em que seu ser experimentar sozinho que a raiva é venenosa, que ela traz dor e aflição, o dia em que seu ser estiver repleto da angústia do sofrimento e do veneno da raiva, nesse dia será possível para você sentir raiva?

Quando você teve raiva, já se sentou num canto, em silêncio, fechou a porta e tentou descobrir o que a raiva estava fazendo com você? Nesse momento, assistiu ao seu ser sendo tocado pelo fogo ardente da raiva? Já viu o que acontece dentro de você enquanto queima por dentro de raiva? Se ao menos uma vez tivesse olhado para dentro e, só uma vez, tivesse visto toda a sensação de queimar e arder dessa raiva, toda a dor infernal lhe teria ficado clara. Então, quem poderia convencê-lo a passar por essa raiva novamente?

Mas não, você nunca olhou para isso. Quando a raiva vai embora, a fumaça da raiva evapora, você se senta lendo a Gita, ou os mandamentos de Buda ou Mahavira, e pensa: "A raiva é uma coisa muito ruim. Estou fazendo algo muito ruim; não deveria estar fazendo isso". Então você encara uma dificuldade dupla

◆ O estado pensante: seu centro, seu ser, sua alma ◆

– uma da raiva e outra do arrependimento da raiva. Ambos, a raiva e o arrependimento da raiva, ferem-nos separadamente, mas o arrependimento não significa nada, pois, uma vez que a raiva passou, não há como vê-la. Se você a tivesse visto quando ela estava lá, com toda a sua sabedoria e consideração, essa visão teria dado luz à experiência de saber o que é a raiva. E essa realização, esse conhecimento, teria mudado toda a sua conduta.

Não estou lhe dizendo para se arrepender por ficar com raiva, estou lhe dizendo para observar a raiva. Os idiotas se arrependem. Eles podem se arrepender a vida toda, mas isso não vai ajudar. Você sabe por que se arrepende? Não é porque a raiva é ruim. Você se arrepende porque, quando fica com raiva, o pensamento do quanto você é infeliz e miserável vem como uma sombra. Uma vez que a raiva passou, cessou, você se dá conta de que provou ser uma má pessoa, você destratou alguém, usou palavras indecorosas. Então, seu ego é ferido, pois você acredita ser uma boa pessoa que não pode dizer esse tipo de coisa.

Isso machuca seu ego, então, apenas para o satisfazer e enaltecer, você começa a se arrepender. Vai ao templo e faz um voto de que não vai sentir raiva nunca mais. Fazendo esse voto, você se torna um cavalheiro, uma pessoa sem raiva mais uma vez. Mas você sente raiva de novo e, de novo, se arrepende. Esse arrependimento não é por sentir raiva, é para restabelecer a imagem que você tem de si. Como pude me rebaixar tanto? É a restauração da parte do ego que está ferida. Sempre que o ego está machucado, ele precisa ser inflado novamente.

Todos estes votos e juramentos – vou seguir o celibato, nunca mais ficarei com raiva, nunca mais farei isso ou aquilo – são substitutos do ego; eles não têm propósito algum. São absolutamente falsos. Certamente, algo *pode* acontecer, não pelo arrependimento, mas pelo estado de consciência. Sempre que uma situação se agarrar à sua mente, esteja alerta, acorde e tente olhar para essa situação, tente identificar o que está acontecendo. E, se você encontrar dor e sofrimento, ignore-os. Quem quer dor e sofrimento? Só os tolos! Mas nós nunca olhamos para isso.

Posso dizer com segurança: você já sentiu raiva muitas vezes, mas nunca a observou. Talvez você diga: "Eu senti raiva tantas vezes, como posso nunca ter observado?". Se você tivesse sido capaz de observá-la, não poderia tê-la sentido. O fato é: quando você está com raiva, a capacidade de observá-la desaparece completamente. Com raiva, você está em um estado de completa embriaguez, em um estupor inconsciente. Quando estão em estado de raiva, as pessoas são capazes de fazer coisas que não poderiam sequer se imaginar fazendo se estivessem conscientes e em silêncio.

Milhares de assassinos sustentaram, em seus julgamentos, que não cometeram o crime. Antigamente, os tribunais costumavam pensar que eram apenas mentiras. Mas, agora, os psicólogos dizem que eles estão falando a verdade. Matavam num estado de raiva tão extrema que não estavam nem um pouco conscientes do que estavam fazendo; estavam praticamente inconscientes. No fim das contas, não conseguiam se lembrar de haver matado alguém. Psicólogos dizem que eles não estão mentindo. Muitos assassinos não conseguiam se lembrar, depois, de terem cometido o crime. Estavam algemados, estavam condenados à prisão perpétua – apodrecendo em celas fedorentas pelo resto da vida –, mas não conseguiam se lembrar de ter assassinado alguém. Continuavam dizendo que não conseguiam se lembrar de terem feito isso. Quem se lembraria? No estado mental em que estavam quando assassinaram uma pessoa, mal havia qualquer consciência.

Todos os pecados são cometidos num estado de inconsciência. Quando nos arrependemos? Nós nos arrependemos quando a inconsciência desaparece, então não existe conexão entre os dois estados. Cometemos o pecado num estado de inconsciência e, quando estamos conscientes, fazemos o voto de ser virtuosos. Não existe relação de maneira alguma. Assim, todos os dias, caímos em um fosso – o mesmo fosso no qual, ontem, havíamos dito que nunca mais iríamos cair. Todos os dias, encontramos o mesmo fosso umas dez vezes. Aí nós nos lamentamos, nos arrependemos e pensamos: "Mahavira, Buda, Krishna e Cristo devem ter sido pessoas realmente despertas. Por isso eles puderam ir além da raiva. Mas como podemos ir além dela? Todos os dias, prometemos que não ficaremos com raiva e, todos os dias, quebramos a promessa".

Não, eles eram pessoas como você. Nenhum deles é um deus, nenhum deles é um *tirthankara* e nenhum deles é filho de Deus. Eles eram também de carne e osso, tinham as mesmas coisas que você tem. Nasceram assim como você nasceu e

♦ O estado pensante: seu centro, seu ser, sua alma ♦

morreram do mesmo modo que você vai morrer. Não tinham nada de especial. Neste mundo, ninguém é especial, todos os seres humanos são iguais.

Ficamos mais que surpresos: como alguém alcança tal estado em que a raiva simplesmente desaparece de sua vida? Em que nenhum fogo do desejo arde dentro de si? Em que nenhum ódio ou ciúme nasce dentro de si? Eu digo a você que isso pode acontecer na vida de qualquer pessoa. Mas não temos conhecimento de como atingir esse estado. A ciência por trás de tudo está em não condenar sua conduta com base no pensamento de outras pessoas, e sim observar tal conduta, assisti-la, estar alerta e consciente a seu respeito.

Não classifique sua conduta como má, pois um homem que a classifica como má não é capaz de vê-la. Se acharmos que alguém é mau, não vamos querer que ele venha até nossa casa, não vamos nem querer vê-lo. Assim, quando você chama uma ação de má, um muro se constrói entre você e essa ação. Não chame a raiva de má. Você não tem o direito de chamá-la de má do mesmo modo que não tem o direito de classificar sua vontade de roubar como má. Apenas tente descobrir o que é essa vontade de roubar que existe dentro de você. Tente identificá-la em silêncio total, na total neutralidade. Tente investigar: o que é a raiva? O que é o sexo? Por que isso está aqui? O que é isso? Observe em silêncio, observe com indiferença e sem julgamento. No dia em que você conseguir fazer essa observação com naturalidade, uma revolução acontecerá na sua vida. Nesse dia, seu pensamento próprio nascerá. Então, sua conduta nunca será contrária a esse pensamento; nunca poderá ser.

É por isso que não digo que você deve criar uma harmonia entre seus pensamentos e sua conduta. Por favor, nunca tente criar essa harmonia. Sua conduta é uma realidade. Seja lá como ela for, observe-a; dali nasce o pensamento próprio. E é esse pensamento próprio que cria a revolução em sua conduta. E então, sem qualquer projeção, sem qualquer imposição, sem qualquer supressão, você verá um novo homem nascer dentro de si. Será o reflexo dos pensamentos que surgiram de sua própria experiência.

Há mais algumas perguntas que vou discutir amanhã. Agora, vamos nos sentar para a meditação da noite. Mas, antes

◆ Mente independente ◆

de nos sentarmos, deixem-me dizer-lhes mais algumas coisas sobre a meditação.

A meu ver, não se faz meditação; ela não é um esforço. Portanto, se você fizer dela um esforço, não será capaz de meditar. A meditação é só relaxamento: nenhum esforço é necessário, nenhuma luta, nenhuma tentativa, nenhuma batalha interior. Não é como nadar em um rio. Se alguém está nadando, ele deve mover os braços constantemente, deve lutar contra a correnteza, fazer um esforço. Mas meditação não é como nadar.

Então, como é a meditação? A meditação é como flutuar. É como se uma pessoa simplesmente entrasse no rio e flutuasse. Ela não move os braços nem luta contra a correnteza. Permanece deitada em silêncio e a correnteza vai levando-a. Não há esforço nenhum; ela apenas flutua. A meditação não é como nadar, a meditação é como flutuar.

Não nade, flutue. Por quinze minutos, abandone todo o esforço e luta. Não tente encontrar maneiras, não tente *fazer* nada – eu deveria sentar-me assim, fazer isto, pensar aquilo ou concentrar minha mente dessa forma: não faça nada disso, pois, se fizer, não será capaz de meditar. Tudo o que vem a partir do seu esforço não pode ser maior do que a mente. Tudo o que vem do seu esforço será uma parte da mente. A meditação não é parte da mente. Não inspire com força, nem prenda a respiração, nem faça qualquer esforço.

Então, o que você deve fazer? Apenas sente-se bem relaxado. Não é nem necessário sentar-se. Se você estiver experimentando, pode se deitar, ou pode até ficar de pé, se se sentir confortável. Você não precisa se sentar em nenhuma postura em particular ou como uma estátua; pode sentar-se de qualquer maneira. A questão central é seu estado mental interior, não sua postura. Nunca, mesmo sem querer, pense em coisas infantis – se eu me sentar desse jeito vou me tornar um Deus ou alguém desperto. Se eu apontar o nariz para esse lado ou apoiar-me sobre a cabeça, isso ou aquilo vai acontecer. Nunca entre nesse tipo de infantilidade.

A meditação não tem uma ligação profunda com o corpo. A meditação tem a ver com seu estado mental interior. Então, deixe o corpo da maneira que for mais confortável para você, a fim de que ele não cause nenhum incômodo. Isso é o suficiente no que diz respeito ao corpo.

O que você deve fazer por dentro? Não tem que se lembrar do nome de Deus, nem cantar um mantra. Não tem que se concentrar em um ponto fixo, nem visualizar a chama de uma lamparina ou uma flor se abrindo em seu coração. Não tem que entrar nesse tipo de fantasia. Não tem que visualizar nenhuma cena bonita, céu, inferno ou submundo. Só tem que se sentar em completo silêncio; você deve estar acordado e consciente de tudo o que acontece ao seu redor.

Tudo pode estar acontecendo: um trem pode estar passando, um avião pode estar no ar, um pássaro pode voar sobre as folhas de uma árvore e fazer barulho, alguém pode tossir, uma criança pequena pode chorar, alguém pode caminhar. Ao seu redor, coisas estarão acontecendo. Você deve estar em silêncio e ciente de todos os acontecimentos sem deixar que nenhum incidente lhe escape à atenção, sem deixar que o menor dos sons lhe escape à atenção. Sua atenção deve estar alerta; você deve estar totalmente consciente. O que quer que esteja acontecendo a sua volta, você deve experimentar, deve sentir isso, deve saber e identificar que isso aconteceu.

Mas você não deve começar a *pensar* sobre isso. Se um cachorro latir, você não deve pensar: de quem é o cachorro que está latindo? Ele é branco, preto ou vermelho? Você não deve pensar em nada disso. Se um cachorro estiver latindo, seu latido vai apenas ecoar dentro de você, ele deve ecoar em sua consciência e desaparecer. Deixe-o vir do jeito que vier, e, quando for embora, deixe-o ir embora. Seja o que vier, deixe que venha e que vá embora. Por dentro, os pensamentos devem continuar se movimentando. Eles não vão necessariamente se acalmar de repente em um único dia.

Por milhares e milhares de anos, a raça humana tem nutrido e alimentado os pensamentos. Eles são convidados muito antigos, estão em sua casa há muito tempo. Você os tem nutrido e alimentado durante toda a vida. Então, ninguém deve iludir-se a ponto de achar que, sentando-se em meditação hoje, todos os seus pensamentos vão desaparecer. Eles podem vir, eles virão. Não sabem que você decidiu não os chamar mais. Você os tem chamado por todos esses anos, então eles apenas vêm, pensando que você os está chamando. Eles vêm a partir de velhas ilusões, de um amor antigo.

Desse modo, não há por que ficar nervoso. Deixe que venham. Continue observando-os em silêncio. Assim como vieram, eles irão embora. Por quanto tempo um pensamento pode ficar? Eles virão e irão embora. Apenas continue testemunhando-os. Aqui vem um pensamento, lá se vai ele. Não é para evitá-lo nem o descartar dizendo: "Desapareça! De onde veio esse pensamento para perturbar minha meditação?".

A meditação não é algo que possa ser perturbado. Quando a meditação acontece, nada no mundo tem o poder de atrapalhá-la. E, se ela não acontece, então você já está perturbado, já está no caos; não é sua meditação que está sendo perturbada. A questão sobre a perturbação nem surge.

Não se incomode se sua meditação for atrapalhada por algum pensamento. O pensamento veio e vai desaparecer. Por que isso o incomoda? Só continue observando-o em silêncio. Um inseto pode picá-lo e você pode ter de tirá-lo de suas mãos. Deixe suas mãos retirá-lo, depois continue observando em silêncio. Não force nada, você deve apenas estar consciente de uma coisa: enquanto você remove o inseto, ou move os pés, ou abre os olhos no meio, ou um pensamento vem, ou um cachorro late, ou um pássaro gorjeia, tenha isto em mente: "Eu estou ouvindo tudo, estou observando tudo conscientemente".

Quando acendemos uma lâmpada, ela irradia luz em tudo a sua volta. Da mesma forma, a lâmpada da consciência dentro de você deve permanecer acesa e tudo o que está acontecendo a sua volta deve ser iluminado, a luz deve incidir sobre todas as coisas. Pouco a pouco, entre cinco a sete minutos, o silêncio começará a descer. Se conseguirmos alcançar esse estado de consciência, um silêncio sem precedentes descerá.

Hoje mesmo, um amigo me disse:

— Por anos, tenho constantemente tentado encontrar maneiras de ficar em silêncio, mas nada aconteceu. Fiz isso e aquilo, mas nada aconteceu. Ontem, quando eu apenas me sentei conscientemente, fiquei espantado com o que aconteceu. Foi além da minha imaginação.

◆ O estado pensante: seu centro, seu ser, sua alma ◆

Vai acontecer e será algo além da sua imaginação. Você apenas não conhece. O que quer que aconteça, será totalmente desconhecido e estranho, algo inesperado. Você não vai nem conseguir entender o que está acontecendo.

Você não pode prever nem imaginar o que vai acontecer na meditação. O que quer que aconteça, será único. Você nunca viu nada parecido. É absolutamente novo, mas só vai acontecer quando sua velha mente ficar totalmente em silêncio – e ela *vai* ficar em silêncio.

Então, todos têm que se sentar em silêncio, sem esforço e sem tensão. Todos têm que se sentar em silêncio e confortavelmente a pouca distância da pessoa a seu lado. Quando alguém está tocando em você, é como se você estivesse se sentando em meio a uma multidão. E isso torna-se dificultoso. Deem-se um pouco de espaço. Não se importem em sentar-se na grama, não tem problema.

Hoje vamos apagar a luz para que vocês possam se sentir totalmente sós na escuridão. Esperem um pouco até que a luz se apague. Primeiro deixem que todos se ajeitem, depois vamos apagar a luz.

Tenham isto em mente: ninguém deve estar encostando em você. Se alguém estiver tocando-o desnecessariamente, sua atenção vai se desviar. Vou entender que todos vocês estão sentados de forma que não encostem em ninguém.

[*Alguém fala que não há muito espaço disponível.*]

Sempre há espaço. Você tem que ter a coragem de se espalhar. Ok, vocês me entenderam.

Fechem os olhos e sentem-se bem confortavelmente. Como vai estar escuro, não vai ter problema; ninguém o estará olhando. Do contrário, você pode ficar com medo de que alguém possa estar observando-o. As pessoas têm medos estranhos, e um deles é que alguém as esteja observando; quem sabe o que elas estão pensando? Então, vamos ficar no escuro.

Ninguém o está vendo; você está completamente sozinho. Observe-se, não se incomode com os outros. E não tente enxergar as outras pessoas. Feche os olhos. Feche os olhos devagar, não os aperte. Isso tensiona as pálpebras. Feche as pálpebras suavemente, como se estivesse dormindo. Feche-as devagar. E, então, sente-se em silêncio, bem relaxado e leve, como uma flor.

◆ Mente independente ◆

Está uma noite maravilhosa. Se o silêncio profundo da noite puder descer até você, então algo se abrirá dentro de você como uma flor, como uma lâmpada. Você poderá experimentar algo em seu interior. Não perca essa oportunidade. Esteja em absoluto silêncio, relaxe seu corpo e sente-se sem tensionar-se de nenhuma forma.

Feche os olhos. Feche os olhos suavemente e deixe todo o estresse em sua mente ir embora. A cabeça é nosso maior fardo. Relaxe as linhas da sua testa. Deixe o fardo de sua cabeça como se você estivesse colocando-o no chão. Deixe seu rosto sem nenhuma tensão. Como uma criança pequena, que não tem nenhuma tensão em seu rosto, deixe também o rosto sem tensão. Tente se lembrar de como era seu rosto quando você era pequeno e deixe que ele fique igual; deixe-o solto e relaxado.

Desperte-se por dentro, esteja completamente acordado por dentro, totalmente consciente por dentro. Sente-se tão alerta e sensivelmente que seja possível ouvir até o menor dos barulhos, qualquer barulho. É como se uma lâmpada tivesse sido acesa aí dentro; você está totalmente consciente e desperto em seu interior. Agora, tente ouvir, esteja consciente e tente ouvir. Por dez minutos, fique em profundo silêncio.

Você está sentado sozinho, totalmente sozinho, como se estivesse sentado em meio a uma densa floresta. A noite está extremamente silenciosa, cheia de um silêncio profundo. Você está sentado bem alerta, pode ouvir até o menor dos sons, o menor dos barulhos. Está completamente desperto. Pouco a pouco, o silêncio profundo começará a descer até você. Pouco a pouco, sua mente ficará mais quieta e você vai começar a experimentar sua respiração. Vai começar a sentir as vibrações da sua respiração. Observe, fique observando. Ouça, continue ouvindo. Sua mente está se aquietando.

Observe, olhe para dentro, tudo está ficando em silêncio. Há um silêncio profundo lá fora e esse silêncio está entrando em você. Todas as camadas em seu interior estão ficando em silêncio. Observe, observe com atenção interior, bem devagar, sua mente está ficando em silêncio. Um silêncio desconhecido está descendo.

Sua mente está ficando em silêncio. Pouco a pouco, sua mente ficará completamente em silêncio. Apenas esteja

◆ O estado pensante: seu centro, seu ser, sua alma ◆

desperto, todo o resto está em silêncio. Bem devagar, sua mente está ficando em silêncio; um silêncio desconhecido começará a descer – *está* descendo.

O silêncio está descendo. Cada camada de sua mente está ficando em silêncio – um banho de silêncio. Toda a sua mente está imersa nesse silêncio. Observe como a mente continua entrando em um silêncio ainda maior; entenda esse processo. Ele é a chave de tudo.

A mente está em silêncio. Pouco a pouco, ela ficará totalmente em silêncio. Você será apagado; você será completamente apagado. Só restará o silêncio.

6

Religiosidade:
compreendendo a vida

Nos últimos dois dias, contemplamos dois estados da mente. No primeiro dia, falei sobre o estado não pensante. O estado não pensante nasce das crenças e fés, e aqueles que se envolvem no estado não pensante são privados de conhecer a verdade. Ontem, conversamos sobre como o estado pensante pode nascer dentro de nós.

Apenas mentes livres de crenças, fés e confiança cega podem manifestar o estado pensante. Só em mentes corajosas o suficiente para destruírem as tradições e os conceitos ditados pela sociedade é que o estado pensante pode nascer – um estado que lhes traz liberdade e os move na direção da verdade. Hoje, falarei um pouco sobre o estado sem pensamentos.

Antes de falar sobre o que significa o estado sem pensamentos, devo lhes dizer algo sobre como estamos presos em uma rede de pensamentos. A todo momento, a mente humana, de um modo ou de outro, está cercada por um tecido de pensamentos. Uma multidão de pensamentos move-se dentro de nós; às vezes, temos consciência disso, mas, na maioria das vezes, não. É como se algo estivesse em curso dentro de nós, como se uma corrida estivesse acontecendo dentro de nós. Se ficarmos totalmente cientes dessa corrida, podemos ficar assustados, podemos achar que algum louco está sentado aqui dentro. Se, por apenas uma hora, lembrarmo-nos dessa malha de pensamentos que acontece em

◆ Religiosidade: compreendendo a vida ◆

nossa mente, uma tremenda onda de angústia e ansiedade vai surgir em nossa vida.

Poucas pessoas estão cientes de que dentro de si existe uma confusão de pensamentos, uma aglomeração de pensamentos contraditórios, uma teia de pensamentos em conflito uns com os outros. Nesse conflito e atrito interior, a energia humana fica exausta. E se a energia mental de alguém fica exausta, essa pessoa fica tão fraca por dentro que não há possibilidade de ela partir em busca da verdade. Antes de partir em busca da verdade e da experiência da vida, ela precisa se livrar desse constante esgotamento de energia no nível da mente. Ela precisa conservar essa energia e livrar-se dos conflitos mentais.

Você nunca deve ter pensado sobre isso, então, de vez em quando, sente-se e coloque no papel tudo o que lhe vier à mente – seja honesto, escreva tudo, o que quer que seja. E, nessa hora, você vai perceber que sua mente é tecida como uma teia de aranha. Você vai encontrar coisas que nunca imaginou ou esperou que pudessem existir dentro de você.

Haverá cantos religiosos, haverá palavras boas como *alma* e *Deus*, mas também vai haver linguagem abusiva. Haverá os sentimentos mais odiosos e abomináveis, e o desejo de cometer os crimes mais hediondos. Ao ver tais desejos, você ficará chocado. Não haverá qualquer conexão entre os pensamentos. Eles serão totalmente estranhos e contraditórios uns aos outros. Sua mente vai pular de um pensamento para o outro e de um desejo para o outro. Se, durante essa hora, você escrever tudo o que lhe vier à mente, com exatidão e sinceridade, vai começar a pensar: "Estou louco?".

Até onde sei, não existe nenhuma diferença fundamental entre um homem louco e um são – não pode existir. O louco é alguém que nasceu dentro de nós; é simplesmente nosso próprio crescimento. Levando-se em conta o estado em que estamos, qualquer um de nós pode enlouquecer a qualquer momento. A diferença entre nós e alguém louco não é qualitativa, é apenas quantitativa; a diferença é apenas de grau. Se os pensamentos efervescentes que correm aqui dentro subirem mais alguns graus, qualquer um pode ficar louco. Existem algumas pessoas na sociedade que são sãs. A maioria das pessoas está

– algumas mais, outras menos – em um estado de insanidade. Não temos ciência de qual é o nível aceitável de loucura no funcionamento diário da vida; nem pensamos sobre isso. Só quando a loucura nos tira completamente da nossa rotina é que passamos a ter essa consciência.

Em um estado tão neurótico de pensamentos, como alguém pode mover-se na direção da verdade? E estou falando com *você*, com ninguém mais. Não estou dizendo isso para mais ninguém, estou dizendo isso porque é absolutamente essencial saber este fato: em um estado de extrema tensão e ansiedade, essa rede de pensamentos conflitantes e autocontraditórios faz uma pessoa enlouquecer.

Você não se surpreenderá em saber que a maioria daqueles considerados grandes pensadores ficaram loucos. Desse modo, quando alguém diz que Mahavira era um grande pensador, que Buda era um grande pensador, tenho vontade de rir. Nenhum dos dois era pensador. Eles eram pessoas que alcançaram o estado sem pensamentos. Estavam do lado oposto de onde se fica louco. A loucura é uma extremidade da mente e a liberação é a outra – e nós ficamos oscilando entre elas.

Se a tensão e o peso dos pensamentos crescem, estamos nos movendo na direção da loucura. Se a tensão e o peso dos pensamentos diminuem, a mente fica mais calma e silenciosa. Se alcançamos um estado no qual não há oscilações ou vibrações de quaisquer pensamentos, então estaremos perto da liberação. Estes são os dois extremos da mente humana – liberação e loucura. Geralmente, qualquer coisa que fazemos na vida nos leva na direção da loucura. A religiosidade e a meditação nos convidam para a outra direção. Assim, o primeiro passo é entender o fato de que ou estamos loucos ou perto de enlouquecer. A menos que tenhamos consciência disso, o anseio de nos livrarmos desse estado não pode surgir dentro de nós.

Uma loucura latente se move dentro de nós. Se passarmos por um choque, essa loucura vai se manifestar externamente. Ela está escondida aqui dentro. Mesmo nossos melhores amigos não sabem o que se passa dentro de nós. A mulher não sabe o que está acontecendo na mente de seu marido; o marido não sabe o que se passa na cabeça da mulher. Ela está em nós como se fosse uma

◆ Religiosidade: compreendendo a vida ◆

doença. E nós a mantemos escondida e reprimida, não deixamos que ela se manifeste. Mas, quando passamos por um grande choque – alguém querido morre, nossa casa pega fogo, falimos ou perdemos todo o nosso prestígio –, aquilo que estava escondido explode como uma ferida aberta e nossa loucura se manifesta do lado de fora.

E não é como se uma única pessoa estivesse sofrendo dessa loucura interna; a sociedade inteira sofre disso. Essa loucura também se expressa coletivamente, causa uma agitação coletiva. Às vezes afeta uma multidão, afeta toda uma sociedade, um país inteiro, toda a raça humana. Onde quer que haja raízes hindu-maometanas, ou uma pessoa de uma comunidade esteja brigando com uma pessoa de outra comunidade, ou um indiano esteja brigando com um paquistanês, ou países estejam em guerra uns com os outros, existem expressões fervorosas de loucura coletiva. Quando toda a loucura dentro de um indivíduo fica muito intensa e não há como liberá-la, ela se manifesta coletivamente.

Gostaria de lhes dizer o seguinte, e talvez vocês nunca tenham pensado nisso: quando uma guerra está acontecendo em algum lugar, existe uma redução drástica no número de pessoas que enlouquecem. Quando isso aconteceu durante a Primeira Guerra Mundial, psicólogos do mundo todo ficaram intrigados: por que isso acontece? Durante a Primeira Guerra, a média de pessoas enlouquecendo caiu, a taxa de suicídios despencou e houve menos assassinatos e outros crimes do que o normal. Durante a Segunda Grande Guerra, era ainda mais estranho. De repente, a taxa de suicídios caiu muito, o número de pessoas assassinadas ou enlouquecendo diminuiu drasticamente. Naquele tempo, psicólogos ficaram bastante interessados e houve muitas discussões sobre por que aquilo estava acontecendo.

Numa situação de guerra, a loucura das pessoas é liberada coletivamente, assim, o número de pessoas que enlouquecem individualmente diminui drasticamente. E é também por esse motivo que a pessoa sente tanta energia a sua volta quando há uma guerra acontecendo. Sempre que há uma guerra, as pessoas ficam profundamente satisfeitas, seu rosto fica radiante e uma espécie de força, uma intensidade começa em sua vida. Elas parecem muito felizes. Durante os tempos de guerra, elas

◆ Mente independente ◆

acordam bem cedo, leem o jornal, ouvem o rádio e, então, falam sobre a guerra com todos aqueles que encontram durante o dia. Uma grande excitação existe na vida delas quando acontece uma guerra. Por quê? A guerra é uma válvula de escape para a liberação da loucura individual.

Se duas pessoas estão brigando na rua, você para tudo o que está fazendo para assistir à briga. Por quê? Porque é uma oportunidade de liberar sua loucura interior. Onde houver violência e ódio, onde houver tumultos, derramamento de sangue e assassinatos acontecendo, ou quando houver *thrillers* em cartaz nos cinemas, você sente muita energia só de assistir a eles. Por quê? A energia flui, pois, quando vê tudo o que acontece por dentro acontecer lá fora, você relaxa, a tensão dentro de você diminui. É por isso que, a cada cinco ou dez anos, uma guerra se torna uma necessidade.

Mesmo que um político tente um milhão de vezes, a guerra não pode ser evitada, não pode haver paz no mundo; ele está apenas dando murro em ponta de faca. A menos que se tomem medidas para diminuir a loucura individual, as guerras vão continuar; apenas as razões ou as desculpas para elas é que mudarão. No começo, as pessoas lutavam em nome das religiões, agora, lutam em nome de nações, em nome de línguas, em nome de "ismos" e ideologias, e em nome do comunismo e da democracia. Os problemas vão mudar, mas as batalhas continuam.

A história dos últimos cinco mil anos nos mostrou que as guerras não podem ser evitadas. Não importa o que o político diga, não importa o quanto ele implore pela paz, não importa o quanto grite que tem que haver paz no mundo, a paz não pode existir. Ela não vai existir enquanto não entendermos o seguinte: a guerra não é uma questão política, mas sim o resultado da intensificação da loucura individual, da doença das mentes das massas que fazem com que a loucura se manifeste coletivamente, e não há nenhuma válvula de escape como a guerra.

Durante a Segunda Guerra Mundial, sessenta milhões de pessoas morreram, e isso nos deu algum alívio. Durante dez ou quinze anos depois disso, tudo se aquietou. Mas, desde então, a loucura foi se acumulando novamente. Agora, não vamos nos acalmar até que tenhamos matado umas 100 ou 150 milhões de pessoas.

♦ Religiosidade: compreendendo a vida ♦

Se a loucura continuar a crescer nesse ritmo, então, ao final do século, talvez quando destruirmos toda a humanidade, nossa loucura tenha algum descanso. Esse estado tenso e febril que se move em nossa mente apequena nossa vida em todos os sentidos, é a completa ruína da vida. Desse modo, as desculpas podem ser de qualquer natureza, não importa quais sejam.

Assim, como transformar esse estado mental? Como alguém pode mover-se da multidão excessiva de pensamentos para um estado sem pensamentos e de silêncio? Hoje, quero falar a vocês um pouco sobre isso. Mas, antes, preciso descrever a vocês qual é a situação.

E lembrem-se: estou falando com *você*, com ninguém mais. Geralmente, quando eu falo algo desse tipo, você começa a pensar: "O que ele diz está totalmente certo. Esse é o problema das pessoas". Se você não se incluir, não vai adiantar nada. Mas é assim que fazemos. Em sua mente, você deve estar pensando que o que estou dizendo está absolutamente correto, que esse é o problema das pessoas que estão sentadas ao seu lado. Mas esse pensamento não serve para nada. Esse problema é *seu* e não tem nada a ver com a pessoa que está sentada ao seu lado. Você vai ter que pensar sobre si mesmo racionalmente: "Será que *eu* estou louco por dentro?".

Se estiver louco, então, nesse estado, não fará nenhuma diferença ser hindu, ler a Gita ou o Alcorão, nenhuma diferença. Se uma pessoa louca ler o Alcorão, a palavra estará em perigo, sua leitura o deixará em perigo. Se uma pessoa louca visitar o templo, o templo será a causa dos problemas. Se uma pessoa louca for até a mesquita, a mesquita criará brigas. Nenhuma paz, nenhum amor, nenhuma iluminação e nenhuma verdade pode nascer de algo que um homem louco faz. O que quer que ele faça causará problemas.

Portanto, antes de fazer alguma coisa, seria muito melhor, essencial e importante, que o louco tentasse entender sua loucura. Ele deve descobrir se existe alguma forma de se livrar dessa loucura; assim, tudo o que ele fizer terá sentido. Do contrário, todas as suas ações serão fúteis. Vai tentar servir as pessoas e vai criar problemas. Falará de amor, mas logo colocará a faca no pescoço de alguém. Vai falar de amor, vai dizer "eu te amo", mas logo você descobrirá que ele não sente amor por você e que é seu maior inimigo. Não faz diferença sobre o que ele fala; vai falar sobre a paz e depois de um tempo vai puxar a espada e dizer: "Agora nada mais pode ser feito pela paz a não ser empunhar a espada".

Não ouvimos recentemente, na Índia, sobre a necessidade de defender a não violência com violência? Se uma pessoa está louca, ela vai pegar a espada até para defender a não violência, dizendo que, agora, a violência é necessária para defendê-la. Tudo o que uma pessoa louca fizer vai afundá-la ainda mais na loucura.

Desse modo, a primeira coisa a ser feita é tomar consciência de sua própria loucura. E o que chamo de loucura? Uma mente que está em conflito, uma mente que está cercada por uma multidão de pensamentos e por isso não é capaz de perceber nada com clareza nem tomar qualquer decisão. Essa mente está a ponto de enlouquecer, ou já está louca.

◆

Uma vez, William James foi visitar um hospício. Quando voltou para casa, não conseguia dormir e se levantou muitas vezes.

Sua mulher lhe perguntou:

— Qual é o problema? Por que você está tão perturbado?

Ele respondeu:

— Estou perturbado porque hoje fui visitar as pessoas no hospício. Ao vê-las, fiquei com medo: o que estava acontecendo com elas poderia acontecer comigo a qualquer momento? Perdi o sono. Estou apavorado, meu corpo todo está tremendo.

— Você está se preocupando à toa — sua mulher falou. — Quem lhe disse que você pode ficar louco?

William James respondeu:

— Ninguém me disse, estou só presumindo. Hoje, o que vi naqueles olhos, o que vi no comportamento deles... O raio que lhes caiu na cabeça pode, a qualquer hora, me atingir também. Eu sou o mesmo ser humano que eles são. Antes de enlouquecerem, eles eram iguais a mim. Não existe nenhuma diferença fundamental entre nós. Então, o que aconteceu a eles pode acontecer a mim também.

♦ Religiosidade: compreendendo a vida ♦

William James viveu mais vinte anos depois daquela visita e relatou que permaneceu inquieto por todos aqueles anos. Ele escreveu: "A todo momento eu estava com medo de que a loucura fosse apanhar-me de uma hora para outra".

♦

Eu os aconselho a visitar um hospício algum dia e olhar com atenção para as pessoas loucas. Vocês verão sua própria imagem. É só uma questão de proporção. Vão descobrir que elas estão um passo à sua frente. Enquanto nossa mente estiver em conflito, enquanto nossa mente estiver cheia de pensamentos contraditórios, enquanto esses pensamentos estiverem se movendo dentro de nós, todos estaremos naquele mesmo estado de tremor que, a qualquer momento, pode se tornar uma explosão.

Então, qual é o caminho? O que devemos fazer? O que pode ser feito para livrar nossa mente do conflito e da multidão de pensamentos? Quero lhes dar estes pontos de contemplação.

Primeiro: existe um grande medo de esvaziar nossa mente. Aprendemos a não esvaziá-la porque mente vazia é morada do Diabo. Foi isso o que nos disseram: uma mente vazia é oficina do Diabo, mas eu digo a vocês: mente vazia é a casa do divino e uma mente cheia é que é morada do Diabo.

Esse medo foi colocado em nós: nunca deixe sua mente vazia, nunca fique ocioso. Assim, o medo do vazio prevalece; é por isso que nunca estamos prontos para nos esvaziarmos por dentro. Queremos nos encher, nos manter cheios de uma coisa ou outra. Assim que acordamos pela manhã, começamos a ler o jornal. Se estamos sozinhos, saímos para encontrar os amigos, vamos a um clube, ligamos o rádio e a televisão ou começamos a ler a Gita, o Alcorão ou qualquer outro livro. Ninguém quer se sentar e ficar vazio, pois todos temos esse medo desnecessário, essa fobia, do vazio. Mas é irracional? Talvez haja alguma razão por trás disso. Deixe-me falar um pouco sobre isso.

Ninguém quer estar vazio. Todos temos medo de estar vazios. Queremos nos manter ocupados em todos os momentos. Quando não há escolha, bebemos ou ouvimos rádio ou dormimos, pois não estamos nem um pouco prontos para estar vazios. Por quê?

◆ Mente independente ◆

De onde vem esse medo? Existem algumas razões fundamentais por trás dele.

A primeira delas é que, se nos sentarmos e ficarmos vazios – e nossa mente ficar vazia –, temos medo de que pouco a pouco nos tornaremos ninguém, seremos nada. Todos temos o desejo de ser alguém, daí o medo de nos tornarmos ninguém.

A partir desse desejo – "Eu quero ser alguém" –, acumulamos riquezas e, quanto maior a minha fortuna, mais eu serei alguém. Assim, não vou ser uma pessoa comum, vou me tornar alguém especial. É por isso que acumulamos riquezas, acumulamos fama, acumulamos poder, para que possamos ser alguém. E também é por isso que acumulamos pensamentos.

Essa corrida para se tornar alguém nos leva a todo tipo de acúmulo, e o mais sutil é o acúmulo de pensamentos. Uma pessoa que tem muitos pensamentos, que é cheia de pensamentos, nós chamamos de culta e a respeitamos. Se alguém memorizou os Upanixades[5] e a Gita, dizemos que é alguém abençoado. Se alguém memorizou todas as escrituras, dizemos que é alguém que merece ser adorado. Respeitamos o acúmulo de pensamentos; achamos que é sinal de conhecimento. Desse modo, também colecionamos pensamentos: quanto mais juntarmos, mais sábios seremos, mais próximos de ser alguém estaremos. É essa corrida e essa ambição por ser alguém que não nos permite estar vazios. Elas criam em nós o medo de que, se não acumularmos, passaremos dificuldades.

Cristo disse: "Abençoados aqueles que são pobres de espírito". Ele disse algo maravilhoso: "Abençoados aqueles que são pobres de espírito". Ele disse algo muito estranho, pois todos queremos ser ricos de espírito. Então por que ele disse isso? Por que esse pensamento lhe veio à mente? Ser pobre de espírito significa ser alguém vazio, sem nada por dentro – nem pensamentos, nem conhecimento. Mas por que esse alguém é abençoado? Ele é abençoado porque, no momento em que estiver vazio, no momento em que estiver pronto para ser ninguém por dentro, no momento em que aceitar seu nada interior, nesse momento saberá que realmente não é ninguém. Ele vai entender: "Por que devo ficar numa corrida para me tornar alguém? E, estando nessa corrida, vou mesmo me tornar alguém? Posso mesmo ser alguém?".

---

5. Upanixades são livros que contêm parte das escrituras hindus. (N. do T.)

◆ Religiosidade: compreendendo a vida ◆

No dia em que alcançar toda essa experiência, esse entendimento de que não é ninguém e passar a querer continuar assim, nesse dia, naquele espaço vazio, ele experimentará o divino, a verdade, a vida, ou qualquer que seja o nome pelo qual quisermos chamar. Nesse dia, apesar de se tornar pobre, ele se tornará rico num sentido mais verdadeiro. Nesse dia ele se tornará vazio e, nesse mesmo dia, se tornará completo.

Quando chove, as enormes montanhas, que já estão cheias, são privadas da água; a chuva simplesmente escorre pelos lados da montanha e cai nos vales mais profundos. Os vales e as valas são preenchidos com a água e se tornam lagos. As valas que estavam vazias ficam cheias, e os montes que estavam cheios permanecem vazios. O divino está constantemente chovendo sobre nós – a todo momento. A vida está chovendo a todo momento. E aqueles que estão vazios por dentro ficarão cheios, e os que estão cheios por dentro permanecerão vazios.

Mas todos estamos na corrida para nos preencher, seguimos nos abarrotando – por dentro e por fora. Por fora, acumulamos roupas, dinheiro e uma casa; por dentro, seguimos acumulando pensamentos, escrituras, palavras. Por dentro, acumulamos essas coisas e, por fora, acumulamos aquelas.

Se alguém tomar consciência dessa loucura: "Preenchendo a mim mesmo com todas essas coisas exteriores, ficarei vazio"... Se o pensamento ao menos lhe ocorrer: "Abarrotando a mim mesmo com essas coisas exteriores, serei privado daquilo que faria meu ser extasiar-se, daquilo que lhe daria a imortalidade", ele renunciará a sua casa, mulher, filhos, mas não abandonará as palavras e escrituras que o enchem por dentro.

Você não pode se preencher com uma casa, com amigos ou pessoas queridas, mas *pode* se preencher com preconceitos e pensamentos. Só alguém que queira abandoná-los é um *sannyasin*. Alguém que queira abandonar todas as palavras e pensamentos interiores, só ele é um verdadeiro renunciante, só ele é um não possuidor.

Então, o primeiro passo é a não possessão de pensamentos.

Não acumule pensamentos, abandone-os, deixe-os ir. Então restará apenas "aquilo" aí dentro: nenhum pensamento, mas uma alma, seu ser, sua existência, seu ser autêntico. Toda a teia

◆ Mente independente ◆

de pensamentos deve desaparecer, deve ser arrancada. Só o que for pura existencialidade, pura essência, deve permanecer. E o que se alcança nessa experiência solitária de existencialidade pura, nessa experiência vazia de existencialidade pura, só isso é a verdade, só isso é a alma e o divino – ou qualquer outro nome que você quiser dar.

Temos um sentimento de possessividade para com os pensamentos acumulados. Neste momento, estou falando com você. Você pode ir embora daqui e começar a acumular pensamentos meus. Mas meus pensamentos acumulados dentro de você só lhe causarão danos; eles não lhe podem trazer nenhum tipo de benefício. Dentro de você, a multidão vai crescer. Algumas pessoas já estavam aí dentro e eu também estarei. Do jeito que está, já há muitas pessoas aí, não há mais espaço e agora mais uma pessoa vai se sentar aí dentro, mais pensamentos entrarão, isso criará um desastre dentro de você.

Não tenha esse sentimento de possessividade com relação aos pensamentos. Você não precisa acumulá-los e criar uma multidão por dentro. Não precisa memorizá-los, não precisa lembrar-se deles. Então, o que deve fazer?

Você deve ter um sentimento de não possessão com relação aos pensamentos. Um sentimento de não possessão significa que você não quer armazená-los. Entender é uma coisa, acumular é outra completamente diferente. Entender o que estou dizendo é uma coisa, acumular isso é outra. Entender o que Mahavira, Buda e Krishna disseram é uma coisa, acumular isso é outra totalmente diferente. Entender não é acumular, no entendimento não há nenhum tipo de acúmulo. Onde existe acúmulo, não há entendimento. Só alguém que foi incapaz de entender deseja acumular. Para alguém que conseguiu entender, não há possibilidade de acúmulo.

Nós só queremos nos lembrar daquilo que não fomos capazes de compreender. Se compreendemos alguma coisa, não há necessidade de lembrar-se dela. Não há como termos que nos lembrar dela. Não é preciso mantê-la em nossa memória.

Assim, não deseje acumular, deseje entender a vida. Com a compreensão, você alcança o conhecimento; com acúmulo, você alcança um diploma. Estudo e conhecimento são completos

◆ Religiosidade: compreendendo a vida ◆

inimigos. Um erudito não pode tornar-se um iluminado e não há motivos para um iluminado se tornar um erudito; não existe razão. É fundamental que você tenha isso em mente: "Não vou acumular pensamentos". Qual o sentido desse acúmulo? Todo acúmulo será emprestado, será dos outros. O entendimento será seu, será próprio. O acúmulo sempre virá dos outros, será velho e emprestado. A compreensão é fresca, viva e jovem. A compreensão libera, o acúmulo prende. O acúmulo o prende, acorrenta-o.

É difícil, para as pessoas que acumulam palavras, entendê-las; elas não entendem nada. Não conseguem entender porque a compreensão anseia por libertação, por frescor, não por envelhecimento, não por nada emprestado. O acúmulo torna tudo emprestado. Mesmo quando essas pessoas olham para a vida, suas palavras se interpõem entre elas e o seu olhar. As palavras se tornam uma obstrução, e a vida permanece do lado de lá.

Uma vez, aconteceu na China...

◆

Acontecia uma grande feira que estava lotada. Ali próximo havia um poço. Não havia nenhuma parede de proteção em volta do poço e, como estava muito lotado, um homem foi empurrado lá para dentro. Quando caiu, ele gritou:

— Socorro! Me salvem!

Mas, como havia muito barulho, ninguém o ouviu.

Mais tarde, um monge budista passou perto do poço e o ouviu gritar. Ele olhou lá dentro e viu que o homem estava se afogando. O homem implorou para que o monge o salvasse.

Mas o monge budista disse:

— Meu amigo, você está sofrendo por seus atos passados, então, é melhor que sofra. A pessoa tem que sofrer por seus atos passados. O que acontecerá se eu tentar salvá-lo? Pode alguém salvar outra pessoa? Você não sabe que está escrito nas escrituras que ninguém pode salvar ninguém? A matéria não pode mudar, a água não se transforma em óleo. Então, o que posso fazer? Se tentar salvá-lo, vou ficar em um beco sem saída. É melhor que você sofra pelos pecados que cometeu no passado, para que se liberte deles no futuro.

As escrituras estavam falando por ele. A vida estava a sua frente, alguém estava se afogando, mas as escrituras interferiram.

♦ Mente independente ♦

O monge se afastou dizendo ao homem que se afogava:

— Mantenha sua mente calma. Tudo acontece na calma. E a calamidade que se abateu sobre você é fruto de seus atos passados, então sofra. Se você passar pelo sofrimento, vai cessá-lo.

O monge seguiu seu caminho. O homem continuou gritando.

Outro monge, que era discípulo de Confúcio, se aproximou. O homem continuava gritando e o monge olhou para dentro do poço e disse:

— Confúcio disse mil vezes que, se o Estado não é governado apropriadamente, ele terá grandes problemas. Este poço não tem paredes de proteção devido à ineficiência do Estado. Irei agora mesmo começar um movimento para que o Estado troque de governo, para que haja uma revolução. Todos os poços devem ser cercados por paredes de proteção, do contrário haverá problemas.

Embora o homem dentro do poço estivesse morrendo, o monge foi até o centro da feira e começou a gritar. Ele juntou pessoas ao seu redor, dizendo:

— Amigos, venham ver este lapso do Estado. Uma vez que o Estado está errado, todo o resto está errado. Confúcio acredita que, se o Estado estiver em boas mãos, tudo pode dar certo. Amigos, vejam o erro grave cometido pelo Estado. Não existe parede de proteção em volta do poço! Olhem, aquele homem está se afogando.

Alguém estava se afogando, morrendo, mas a ideia de salvá-lo não lhe ocorreu. Não havia como essa ideia lhe ocorrer, pois as escrituras de Confúcio se intrometeram.

Depois dele, um missionário cristão passou e viu que o homem estava se afogando. Imediatamente, ele se lembrou das palavras de Cristo: "Servir um homem é servir a Deus". Na mesma hora ele pulou e resgatou o homem.

♦

Você pode achar que o missionário fez uma boa ação, mas não, ele também não salvou o homem. Também havia escrituras entre ele e seus atos; ele também não salvou o homem. Ele não se importava com a vida do homem. Só pulou no poço e resgatou o homem por nenhuma outra razão além daquilo que estava escrito nas escrituras: servir um homem é servir a Deus. Assim, aqui também as escrituras se interpuseram; aqui também não havia vida.

◆ Religiosidade: compreendendo a vida ◆

Essa história foi escrita por um missionário cristão. Mas ele não tem consciência de que, mesmo no terceiro exemplo, o problema é o mesmo dos outros dois. Os monges só fizeram o que estava escrito nas suas escrituras, e o missionário fez o que estava escrito na escritura dele. Todos os três tinham escrituras intervindo entre eles e a vida.

Olhe para a vida em todas as suas formas multidimensionais, entenda-a – a ação que surge dessa compreensão da vida é libertadora. Apenas uma ação que surge da compreensão da vida é religiosa. Mas, de todos os lados, palavras e escrituras criam um muro entre você e a vida. Um erudito não consegue compreender. É por isso que, por todo o mundo, eruditos pertencentes a diferentes religiões continuam brigando uns com os outros. Se a verdade é uma só, então a religião também deve ser apenas uma. Mas existem tantos eruditos, tantas escrituras, tantos tipos de seita. Um erudito briga por não conseguir entender o outro. Suas próprias palavras se tornam um obstáculo. Suas palavras surgem e se colocam entre ele e o outro. Então, a compreensão torna-se impossível. Essa insensatez leva às brigas, leva às rivalidades e aos conflitos religiosos em todo o mundo; e tais conflitos surgem porque um erudito é simplesmente incapaz de ter compreensão.

Onde há compreensão não pode haver conflito. Onde há compreensão, não pode haver rivalidade ou briga. Haverá amor, não pode haver ódio. Onde há amor, há compreensão.

Lembre-se, não importa quantas palavras, escrituras ou pensamentos você acumular, sua compreensão certamente não aumentará. Não é possível acumular compreensão. A compreensão enxerga, está consciente dos problemas em sua totalidade. Dessa consciência, nasce em você o conhecimento. Esse conhecimento não é acúmulo, esse conhecimento não está acumulado em nenhum lugar. Esse conhecimento transforma todo o seu ser, purifica a sua alma e a renova. Ele lhe dá vida nova. Ele não é um fardo; não lhe pesa às costas. Nenhum muro é criado entre você e a vida.

Tente entender o erro, o engano em acumular pensamentos. Lembre-se: quanto menor for a multidão de pensamentos dentro de você, mais cedo o conhecimento emergirá. Quanto menos pensamentos se acumularem em você, mais cedo a brisa libertadora do conhecimento soprará e a compreensão nascerá aí dentro. E, então, sua vida poderá se mover em direção ao estado sem pensamentos, em direção à iluminação.

Portanto, reforço que o primeiro passo é: a não possessão de pensamentos.

Se você se mantém não possessivo com relação aos pensamentos, o segundo sutra será inevitável: o apego aos pensamentos vai cair. Agora, nós dizemos: "É *meu* pensamento!". Qual pensamento é seu? Mas, se houver uma discussão, você dirá: "É meu pensamento. Minha religião. Minha escritura. Minha *tirthankara*. Meu Deus". De onde surgiu esse "meu"? Qual pensamento é seu? Há algum pensamento que seja propriamente seu?

Investigue um pouco, analise, preste atenção a cada pensamento e identifique se ele é seu ou não. E você vai descobrir que ele não é seu; ele veio de algum outro lugar. Ele veio voando com o vento e se assentou em você. Onde está o "meu"? Como algum pensamento pode ser seu? Ele deve ter vindo de algum outro lugar e feito morada dentro de você. Todos os pensamentos são convidados, nenhum é seu.

Dizer "é meu pensamento" cria um apego ao pensamento; passamos a nos identificar com ele. Então, tentamos defendê-lo, tentamos preservá-lo, não queremos abandoná-lo. Quando algum pensamento se torna "meu", começamos a tentar salvaguardá-lo. Assim, ele se torna nosso tesouro, nossa riqueza; se torna parte de nosso ser.

Você deve entender e ter consciência do seguinte: nenhum pensamento é "meu". No momento em que ficar claro para você que nenhum pensamento é seu, imediatamente, seu apego por eles vai sumir, a ideia de que eles lhe pertencem vai desaparecer. Quando o sentimento de "meu", direcionado a qualquer coisa, some, a conexão com aquilo é desfeita. É o apego que conecta você àquilo. O apego, sozinho, é a conexão. Nada mais conecta pensamentos à nossa mente, nada os gruda à nossa mente; o apego é a única conexão.

Se você for um jainista e alguém desrespeitar sua religião, seu ser começa a tremer: ele desrespeitou *minha* religião. Se você for um cristão e alguém disser algo maldoso sobre a religião cristã, você imediatamente se prepara para brigar, pois ele maldisse

Religiosidade: compreendendo a vida

a *minha* religião. E tudo porque você diz "meu pensamento". O "meu" rapidamente se machuca e alerta seu ego. Então, você está pronto inclusive para morrer por aquele pensamento; você está pronto para sacrificar a sua vida por aquele pensamento.

Muitas pessoas sacrificaram a vida pelos seus pensamentos. Muitas pessoas morreram por suas ideologias. E também há aquelas pessoas que consolam aqueles que estão morrendo, dizendo: "Não se preocupe, se você está morrendo pelo islamismo, em favor da religião hindu, o céu será seu". O homem aprendeu muitas tolices sobre morrer em favor de algo – morrer em favor do comunismo, morrer em favor da democracia, morrer em favor de um pensamento, tornar-se um mártir e, então, todos os anos as pessoas se reúnem em volta de seu túmulo para celebrar –, mas ele não aprendeu nada significativo sobre viver.

Quando alguém está pronto para morrer, imagine o quanto seu apego é profundo. Está pronto a dar a própria vida por um pensamento, e tal pensamento é totalmente alheio a ele. E está pronto a perder sua alma, perder sua vida por *aquilo*? Mas nossas tolices têm raízes profundas, então nós o honramos: ele fez um grande ato ao morrer pelo islamismo ou pela religião hindu ou pela religião jainista; seu sacrifício foi grandioso. Mas qual é a realidade? A realidade é que ele se tornou tão profundamente apegado a um pensamento que não estava pronto para deixá-lo ir, mas estava pronto para morrer por ele. A vida era sua, mas o pensamento era totalmente alheio.

Quando o apego alcança essa extensão, surge o fanatismo vindo dessa loucura. Os religiosos fanáticos de todo o mundo encheram a Terra com tantas mortes e tolices além do que se pode imaginar. E a única explicação é que desenvolvemos um sentimento de "meu" em relação a um pensamento. Quando se torna nosso, queremos até morrer por ele, pois se torna parte de nosso ego.

Se você quer se livrar de um pensamento, precisará quebrar a conexão que faz esse pensamento ser "meu". E não precisa de muito esforço para quebrá-la, pois essa conexão é totalmente falsa. Ela não existe; é apenas uma ideia, uma imaginação. Nenhum desses pensamentos é seu. Você consegue me dizer um pensamento que seja seu? Qual? Não, ele será da Gita, será do

◆ Mente independente ◆

Alcorão ou da Bíblia. Ele será de Krishna, Mahavira ou de algum outro. Nem um único pensamento é seu. Todos os pensamentos são alheios, são emprestados.

Desenvolver apego a esses pensamentos alheios e emprestados é construir um alicerce para problemas na mente. Tente compreender esta verdade: nenhum pensamento é "meu". Portanto, nenhum pensamento é digno de que você crie um apego a ele. Conforme sua compreensão se aprofunda, seu apego começa a definhar. Quando você começar a ver que todos os pensamentos lhe são alheios, perceberá que brigar e discutir por um pensamento é como lutar com uma sombra; é praticamente a mesma coisa.

Vocês devem ter ouvido esta história...

◆

Numa vila, dois eruditos estavam ao lado de um rio. Eles simplesmente gastaram toda a vida na busca por conhecimento, portanto não tinham terra, nem uma vaca ou um búfalo. Mas ambos pensavam em comprar uma terra. Então, estavam pensando em cada um comprar um pedaço de terra do outro lado do rio.

O primeiro erudito disse:

— É certo que compremos pedaços separados de terra, mas tenha isto em mente: nenhum animal seu jamais deve entrar nas minhas terras.

O segundo erudito respondeu:

— Meu caro amigo, você não pode confiar em animais. Eles vão entrar em suas terras. Como poderei seguir os animais por todo canto para ver aonde estão indo?

O primeiro homem disse:

— Isso não pode acontecer. Vai arruinar nossa amizade. Eu não vou tolerar que seus animais entrem nas minhas terras.

O segundo rebateu:

— Então, o que você vai fazer?

E o primeiro:

— Eu irei matá-los de imediato.

O segundo homem perguntou:

— Ok, onde estão suas terras?

O primeiro homem desenhou um quadrado no chão com um galho e disse:

♦ Religiosidade: compreendendo a vida ♦

— Esta é minha terra.

Então, o segundo homem desenhou um círculo do lado e disse:

— Esta é minha terra. — Ele desenhou duas retas com os galhos e disse: — Aqui estão meus búfalos. — Ele havia colocado seus búfalos nas terras do primeiro homem. — Meus búfalos entraram nas suas terras. Faça o que desejar.

O primeiro homem desenhou uma cruz naquelas retas, indicando que havia matado os búfalos.

Os "búfalos" eram apenas desenhos feitos no chão, mas os homens começaram a brigar. O caso foi parar na justiça, pois eles deram queixa um do outro. O segundo homem disse:

— Ele forçou seus búfalos a invadirem minhas terras. E é por causa desses búfalos que nós começamos a brigar e a nos bater.

O juiz perguntou:

— Onde ficam as terras? E onde estão os búfalos?

Ambos disseram:

— Não se preocupe com isso. Nós ainda temos que comprar as terras, e os búfalos não existem.

♦

Uma briga por causa de pensamentos é quase como uma briga por terras que não existem, uma briga por búfalos que não existem. É apenas uma briga por sombras, mas as sombras se tornam tão importantes que estamos prontos a dar nossa vida por elas.

É claro que existe alguma grande idiotice na vida do homem, do contrário isso não seria possível. Todos aqueles mártires que morreram em nome de pensamentos e religiões devem ter sido extremamente tolos, do contrário isso não teria sido possível. Toda essa briga em defesa de pensamentos é pura tolice. Essa briga surge do apego. Por causa do apego, os pensamentos grudam em nós e seguimos acumulando-os. Todos os pensamentos nos são dados pelos outros, mas, quando chega a hora de nos livrarmos deles, nosso ser começa a tremer.

Bertrand Russell escreveu que, às vezes, em momentos de grande sabedoria, ele sente que nunca houve um homem maior do que Buda neste mundo. Então, imediatamente, ele começa a ficar com medo e a se perguntar como Buda pode ser maior que

Mente independente

Cristo. Não é possível. Naqueles momentos de grande compreensão, ele escreveu sentir que Buda é um homem único, não há ser maior do que ele. Mas, imediatamente, algo dentro de si começa a temer, pois seu condicionamento de infância foi de que Cristo é o filho de Deus e não há ser maior do que Ele. E ele começa a pensar: "Não, não, como é possível que alguém seja maior que Cristo?". Russell escreveu: "Reflito muito sobre isso, entendo tudo, mas, ainda assim, não consigo me livrar desses pensamentos".

Pensamentos nos tomam de um jeito que se tornam mais importantes do que a compreensão. Não estou dizendo que Cristo é menor e Buda é maior. Isso é tolice; ninguém é maior ou menor. Mas os pensamentos nos consomem de tal modo, nosso apego a eles é tão intenso, que eles se sobrepõem à nossa compreensão. Assim, queremos abandonar essa compreensão, mas não queremos abandonar os pensamentos. Isso é um sinal de loucura. Uma pessoa deveria estar sempre pronta a abandonar pensamentos em favor da compreensão, mas nunca deveria estar pronta a abandonar a compreensão em favor de pensamentos. Nós sempre abandonamos a compreensão mesmo em favor de pensamentos triviais.

Quando a Índia e o Paquistão foram divididos, quem foram as pessoas que mataram os hindus, que mataram os maometanos? Elas eram pessoas como nós, iguais a nós, que visitavam a mesquita ou o templo todos os dias, liam a Gita ou o Alcorão todos os dias, mas tinham estes pensamentos: "Eu sou um hindu" e "Você é um maometano". Esses dois pensamentos, esses pensamentos mesquinhos que não têm nenhum outro propósito a não ser ensinar isso, nada além disso, desde a infância foram inculcados na mente das pessoas. "Você é hindu" na mente de umas e, na mente de outras, "Você é maometano". E elas aprenderam essas idiotices; em favor dessas tolices, esqueceram suas mesquitas e seus templos, o Alcorão e a Gita, e começaram a enterrar facas no peito uns dos outros.

Eram pessoas assim como nós! Mesmo nós poderíamos fazer isso agora, poderíamos fazer isso aqui: você poderia esfaquear a pessoa sentada do seu lado. E toda a sua compreensão iria por água abaixo, toda sua compreensão simplesmente desapareceria. Apenas um pensamento – a religião hindu está em perigo, ou o islã está em perigo – vem à sua mente e toda a sua compreensão desaparece.

Os pensamentos se tornaram mais importantes do que a compreensão porque nos tornamos muito apegados a eles. Devemos romper completamente com esse apego – não é difícil, pois ele é absolutamente imaginário. Não existe nenhuma corrente; é apenas nossa imaginação. É necessário abandonar o apego aos pensamentos.

Assim, a primeira coisa é: a não possessão de pensamentos.

Segunda coisa: abandonar o apego aos pensamentos.

Terceira coisa: estar em um estado de testemunho indiferente aos pensamentos.

O passo mais importante é o terceiro. Os dois primeiros são o alicerce para ele. Os dois primeiros são a preparação inicial. O terceiro é a chave: um estado de testemunho indiferente aos pensamentos. Alguém alcança o estado sem pensamentos na mesma extensão a que chega quando alcança o estado de testemunho indiferente. Se ele completa totalmente o estado de testemunho, então nenhum pensamento virá, todos os seus pensamentos desaparecerão – ele alcança a iluminação. O que significa o estado de testemunho indiferente?

Você já parou ao lado de um rio? Já ficou ali na margem observando-o? Enquanto você ficar ou se sentar ali, o rio continua correndo e você apenas o contempla. Você já se sentou no chão e ficou olhando um bando de pássaros voando em formação no céu? Você está sentado ali e o bando de pássaros está voando, mas os pássaros não lhe pertencem, não são seus amigos ou inimigos, você não os admira nem os odeia – apenas os observa. Você observa os pássaros voando lá em cima com um ar de indiferença. Com essa mesma indiferença, você precisa observar os pensamentos que se movem em fila aí dentro. Sente-se – e apenas observe.

Os pensamentos estão se movendo. Nenhum é seu, nenhum é seu inimigo ou seu amigo, nenhum é bom ou mau. O bando de pensamentos está voando e você está sentado em silêncio observando-os de longe. Não tem nada a fazer com eles. É como quando as pessoas estão caminhando por uma rua movimentada e você está parado na calçada observando. Observe os pensamentos com indiferença, como uma testemunha, como alguém que se mantém longe deles, sem julgar se são bons ou maus, se são seus ou dos outros.

A prática constante, a lembrança constante e a permanência constante nesse estado de indiferença vão, pouco a pouco, levar à extinção dos pensamentos. Os pensamentos fluem, mas, quanto mais indiferente você fica e quanto mais de lado você permanece, surpreendentemente o intervalo entre os pensamentos ficará maior, menos pensamentos virão e a multidão diminuirá.

Eles vinham porque os chamávamos. Não eram acidentais; eram convidados. Eram nossos hóspedes, nós os chamávamos, acomodávamos e considerávamos nossos – é por isso que estão aí. No dia em que pararmos de achar que nos pertencem, no dia em que ficarmos indiferentes a eles e os negligenciarmos, no dia em que não nos preocuparmos com eles não haverá razão para que fiquem. Gradualmente, começarão a sumir, desaparecer.

Se você tentar todos os dias alcançar este estado – afastar-se dos pensamentos com um olhar de indiferença –, um dia, inesperadamente, perceberá que os pensamentos desapareceram; você estará sozinho. Nesse momento, haverá existencialidade, mas sem a sombra dos pensamentos. No dia em que a existencialidade pura se manifestar, não haverá nenhum resquício de pensamento. Nesse estado sem pensamentos você conhece a verdade. Nesse momento você conhece aquilo que chamamos de divino, verdade, fonte da vida, ou qualquer outro nome.

Só nesse momento é que você conhece aquilo que realmente é o seu ser. Só nesse momento você conhece aquilo que nunca morre, que é imortal. Antes disso, nada faz sentido. O estado sem pensamentos é a porta para a verdade. O estado sem pensamentos é a porta para o divino. E, para alcançar o estado sem pensamentos, é necessário ser testemunha em todos os sentidos. Mas é difícil permanecer sendo testemunha indiferente; nós nos identificamos imediatamente.

◆

Vocês devem ter ouvido falar de Vidyasagar, um grande erudito e pensador de Bengala. Ele é um homem inteligente, muito

◆ Religiosidade: compreendendo a vida ◆

culto e autor de vários livros e comentários. Em Bengala, jamais houve maior pensador, maior erudito que ele.

Um dia ele foi ver uma peça e, em uma das cenas, o vilão estava perseguindo e assediando fortemente uma mulher. Vidyasagar era um cavalheiro por completo e não podia tolerar aquilo. Chegou um momento em que o personagem finalmente conseguiu agarrar a mulher. Vidyasagar simplesmente se levantou e atirou um sapato no homem. Ele estava sentado na primeira fila e o sapato atingiu o vilão. Vidyasagar disse:

— Pare, seu energúmeno!

Era só uma peça, mas ele se esquecera.

O ator que fazia o papel devia ser um homem muito mais inteligente que Vidyasagar. Pegou o sapato e, tocando a testa respeitosamente com ele, disse:

— Eu nunca recebi uma recompensa maior que essa. Tomo como um elogio à minha atuação o fato de que até um homem como Vidyasagar começou a achar que a cena era real.

◆

Nós nos esquecemos que teatro é teatro e, ao mesmo tempo, é essencial que saibamos que a vida também é uma peça. Para nós, uma peça começa parecendo ser a vida e, ao mesmo tempo, temos que reconhecer a vida como sendo uma peça. Só assim poderemos ser indiferentes; só quando os pensamentos forem um filme passando na tela é que conseguiremos manter distância deles. Mas, agora, estamos em tal situação que até uma peça começa a fazer parte de nossa vida imediatamente, começamos a tomá-la como realidade. Enquanto assistimos a um filme, começamos a rir ou chorar, enxugamos lágrimas. E, quando as imagens na tela começam a envolver nosso ser, passa a ser extremamente difícil nos mantermos indiferentes a elas. Mas, através da vigília constante e contínua da consciência, da lembrança – e meditação –, a indiferença não é impossível.

Assim, devagar, aprenda a ser indiferente às pequenas coisas da vida. Às vezes, quando estiver caminhando pela rua, pare e apenas observe o que está acontecendo. Às vezes, enquanto estiver sentado com sua família, apenas permaneça indiferente, mas consciente, e observe: tudo que está acontecendo é uma peça.

Mente independente

Quando e onde você estiver, por um momento apenas pare e observe: tudo o que está acontecendo é uma peça. Assim, pouco a pouco, a habilidade de ser testemunha vai crescer dentro de você e você será capaz de ser testemunha no nível da mente. No dia em que você for testemunha nesse nível, um novo mundo, uma nova porta, se abrirá à sua frente. Pela primeira vez, você conhecerá a vida. Até esse dia, havia conhecido apenas a morte.

No primeiro dia, eu lhes falei sobre a morte, que somos quase cadáveres, que estamos simplesmente morrendo todos os dias e não temos ideia do que é a vida. A vida está trancada atrás de uma porta, enjaulada e aprisionada dentro de nós. A menos que quebremos o cadeado, é difícil que entremos e conheçamos a vida. O cadeado são os pensamentos, o cadeado é a nossa identificação com os pensamentos. O cadeado é o nosso apego aos pensamentos, o cadeado é a nossa possessividade com relação aos pensamentos. Se os pensamentos desaparecerem completamente, se essa pressão e essa teia de pensamentos tiver fim, se sua mente ficar em silêncio, sem nenhuma ondulação, então, nessa mente calma, poderemos conhecer a vida.

A imortalidade habita em cada pessoa. E a energia da fonte original da vida, a fonte primária da vida, está escondida em cada um, embora poucos consigam chegar a conhecê-la. Mas, se alguém se esforçar e desejar encontrá-la, com trabalho duro e resiliência poderá conhecê-la.

Se vocês quiserem fazer qualquer pergunta sobre isso, falaremos hoje à noite.

Se tentarem compreender o que eu lhes disse sobre estes três conceitos – o estado não pensante, o estado pensante e o estado sem pensamentos –, certamente terão resultados.

Sou-lhes muito grato por terem me ouvido com tanto amor e silêncio.

Outros livros de OSHO

O LIVRO COMPLETO DA MEDITAÇÃO

Neste livro você encontrará uma grande variedade de meditações ativas para lhe dar a oportunidade de realmente relaxar e liberar a tensão. Você notará que Osho fala sobre diversas práticas baseadas no corpo ou relativas aos movimentos corporais, muitas vezes incluindo até a dança. Osho mostra que, em vez de lutar contra sua mente, vale começar pelo seu corpo. Quando o corpo muda, a mente também mudará, ensina o autor. Depois, sente-se em silêncio e perceba a diferença.

O EQUILÍBRIO ENTRE CORPO E MENTE

Atualmente o ser humano se encontra alienado em relação ao seu corpo. O estresse e as tensões da vida cotidiana contribuem para o distanciamento entre o corpo e a mente. Neste livro, Osho ensina o leitor a se reconectar e conversar com o próprio corpo. Em pouco tempo você saberá apreciá-lo e descobrirá o prazer e a felicidade que o equilíbrio e a harmonia podem trazer. O livro vem acompanhado de terapia meditativa, por meio de um *hotsite*, que gerará grande sensação de bem-estar. Este é o livro ideal para quem busca o equilíbrio.

Sobre OSHO

OSHO dispensa categorizações. Suas milhares de palestras falam sobre tudo, desde questões individuais às maiores e mais urgentes questões sociais e políticas enfrentadas pela sociedade atualmente. Os livros de OSHO não foram escritos, mas transcritos de áudios e vídeos gravados de suas palestras extemporâneas para plateias internacionais. Como ele próprio dizia: "Lembre-se, o que quer que eu diga, não é apenas para você... Estou falando com as futuras gerações também". OSHO foi descrito pelo *Sunny Times* em Londres como um dos "1.000 maiores influenciadores do século XX" e pelo autor americano Tom Robbins como "o homem mais perigoso desde Jesus Cristo". O *Sunday Mid-Day* (Índia) selecionou OSHO como uma das dez pessoas – logo depois de Gandhi, Nehru e Buda – que mudaram o destino da Índia. Sobre o próprio trabalho, OSHO dizia que estava ajudando a criar as condições para o nascimento de um novo tipo de ser humano. Ele costumava caracterizar o novo humano como "Zorba, o Buda"– capaz de aproveitar os prazeres terrestres de Zorba, o grego, e o sereno silêncio de um Gautama Buda. Ao observar todos os aspectos das palestras e meditações de OSHO, tem-se uma visão que abarca a sabedoria atemporal de todas as eras passadas e o ápice do potencial da ciência e tecnologia atual e futura. OSHO é conhecido por sua revolucionária contribuição para a ciência da transformação interior, com uma abordagem de meditação que reconhece o ritmo acelerado da vida contemporânea. Sua fórmula única de meditação é desenvolvida para primeiro liberar o estresse acumulado do corpo e da mente, e então tornar mais fácil a experiência de relaxamento concentrado e livre de pensamentos no dia a dia.

DUAS AUTOBIOGRAFIAS ESTÃO DISPONÍVEIS NO MERCADO MUNDIAL:

Autobiography of a Spiritually Incorrect Mystic
Glimpses of a Golden Childhood

PARA MAIS INFORMAÇÕES:

www.osho.com

OSHO

Um site de múltiplas linguagens que inclui uma revista, os livros de OSHO, as palestras em áudio e vídeo e uma biblioteca de textos de OSHO em inglês e híndi e extensas informações sobre o Resort Internacional de Meditação de OSHO.

SITES:
http://OSHO.com/AllAboutOSHO
http://OSHO.com/Resort
http://OSHO.com/Shop
http://www.youtube.com/OSHOinternational
http://www.twitter.com/OSHO
http://www.facebook.com/pages/OSHO.International

PARA CONTATAR A FUNDAÇÃO INTERNACIONAL DE OSHO:
www.osho.com/oshointernational
oshointernational@oshointernational.com

Este livro foi publicado em Fevereiro de 2021 pela Editora Nacional.
CTP, impressão e acabamento pela Impress.